世家大族系列

○ 鄭宏泰 著

永泰家族

亦政亦商亦逍遙的不同選擇

中華書局

序

在香港的商業社會，我們過去一直以為民眾「政治冷漠」，不喜歡議政論政，亦以為他們的心力一直只放在求財搵錢之上。可是若深入了解不少家族的發展故事，尤其是那些有條件、有基礎的家族，則不難發現，他們其實就如中華大地上無數背景相似的家族般，不但重視子孫考取功名，亦熱衷參與政治，當然對於當官更是夢寐以求 —— 那怕殖民地統治的大部分時間裏，作為被統治者的普羅華人一直被拒諸門外。

周永泰家族由移民到扎根香港的故事，恰好說明了某些華人家族得隴望蜀，在找到謀生門路，確保生存問題得到完全解決後，立即想到更上層樓的問題，這當然也屬無數家族很自然拾級而上的發展策略。他們於是開始安排子孫努力讀書，藉考取功名，然後壯大實力，提升社會地位，光宗耀祖。到晚清取消科舉，他們發現此路不通後立即「變陣」，改為支持子孫負笈海外，攻讀專業科目，以便更好發展事業，到時機或條件成熟時再鼓勵子孫參與香港政治，甚至加入殖民地政府，當起官來，令家族實力得以進一步壯大。

準確點說，周永泰家族的發展，基本上採取了政商並舉的「兩條腿走路」方式前進，並非坊間過去一廂情願的看法 —— 即以為移民家族在香港的發展，是純粹的「一心從商」，獨沽一味，不會染指政治。周永泰家族數代人的故事，恰好提供了很好的另一種說明。

誠然，要將周永泰家族數代人「兩條腿走路」的發展模式説得清楚透徹，實在並不容易，當中有不少挑戰：一方面必須準確獲得研究資料，了解其前進過程的一切遭遇；另一方面則要充分掌握香港、中華大地，甚至世界歷史的發展脈絡，而更加必不可少的，則是要對移民、創業與參政等問題有敏鋭分析和見解。儘管諸項問題不少，挑戰極大，本研究最終還是順利完成，這實乃獲得各界友好及機構鼎力協助所致，謹向各位致以最衷心的感謝。

首先，要感謝我們家族企業研究團隊黃紹倫教授、孫文彬博士、周文港博士、許楨博士、王國璋博士及閻靖靖博士的支持。在大約每兩個月一次的討論會上，我們不但分享了搜集資料的苦與樂，還一起就中外家族企業的發展特徵如企業家精神、家族內部矛盾、女性角色及代際承繼等進行激烈辯論，交換看法，當然亦交流了香港如何從海納百川與融匯華洋中外文化中壯大的觀點與心得。可以這樣説，這種聚會對研究的啟發作用極大，不少觀察和理論的建立、修正，便是在這些聚會中獲得靈感和砥礪。

進行研究期間，曾訪問了周盧秀妍女士、周譚月清女士、周國榮先生、周國豐先生、周令儀小姐等周氏家族成員，感謝他們抽空坦誠分享，講述家族及個人的起落遭遇，填補了家族前進過程中的不少空白，當然還有各種舊照片的贈予和資料的補充，令本書內容更豐富、更為圖文並茂。

同樣地，亦要向前研究助理張詠思小姐，現任研究助理梁凱淇小姐、李明珠小姐和俞亦彤小姐表示謝忱，她們為了搜集資料，要不斷在各地的圖書館和檔案館之間來回奔走，經常對着那些老舊的報紙或微縮

片，逐點逐滴地篩選出有用的資料。正因她們耐心的工作和努力，本書的內容才能如此充實。

當然，亦要感謝香港中文大學圖書館、香港大學圖書館、東華三院檔案館、香港歷史檔案館等給予的支援和協助，使本研究可克服種種困難，達至今天的成果。最後，我亦要向太太李潔萍表示衷心感謝，她是第一位閱讀文稿之人，並協助多次的校對及給予不少建言。她在我身心疲累時為我打氣，令這項研究得以順利展開、維持和最終完成。

雖然得到各方友好和機構的大力幫助，但仍因沒法完全掌握政局的急速轉變、歷史的曲折漫長、企業的興衰傳承和人生的順逆起落而出現一些糠秕錯漏，對於某些疑而未決、模糊不清的地方，雖努力求證，但仍沒法做到完美無瑕，這雖是不願看見的，卻很難避免，但望讀者有以教我，指正批評，讓本系列研究可以做得更扎實、更豐富。如對本書有任何意見，請致函香港新界沙田香港中文大學香港亞太研究所或電郵 vzheng@cuhk.edu.hk 聯絡。

鄭宏泰

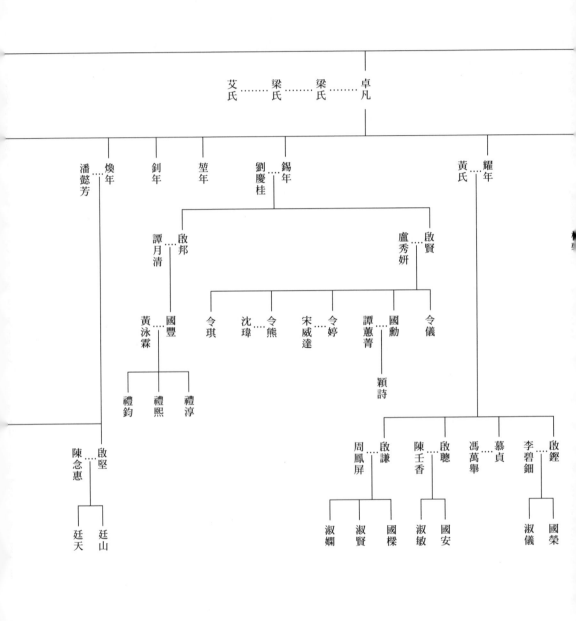

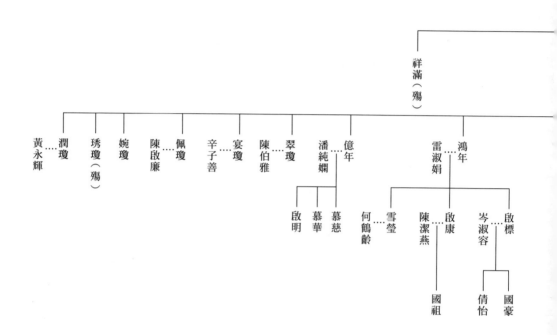

血緣

婚姻

祥滿（殤）

黃永輝⋯潤瓊　琇瓊（殤）　婉瓊　陳啟廉⋯佩瓊　辛子善⋯宴瓊　陳伯雅⋯翠瓊　潘純嫻⋯億年　雷淑娟⋯鴻年

啟明　慕華　慕慈　何鶴齡⋯雪瑩　陳潔燕⋯啟康　岑淑容⋯啟標

國祖　倩怡　國豪

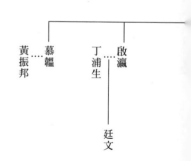

黃振邦⋯慕韞　丁浦生⋯啟瀛

廷文

→

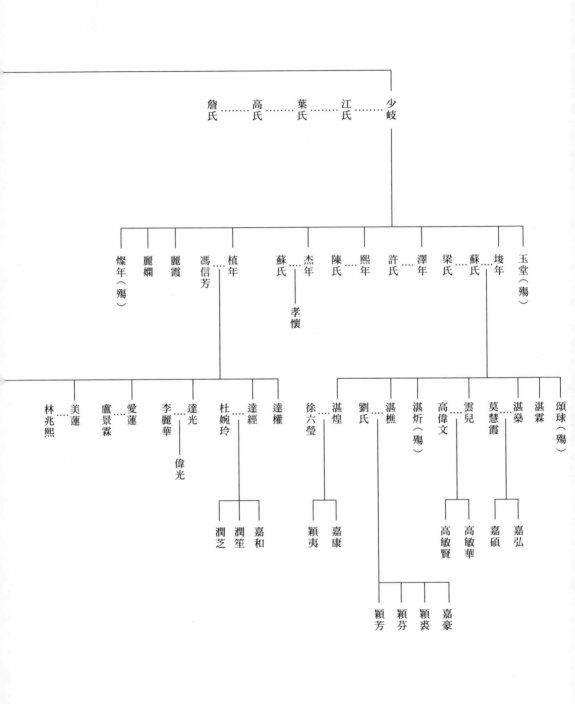

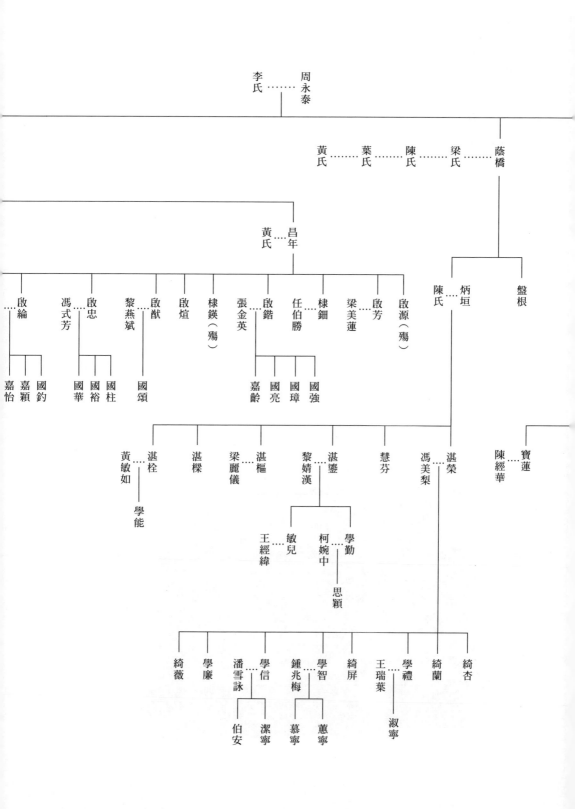

目錄

第一章　尋找五代大家族：

發展特質的歸納

引言

在中國文化裏，家族的延續與發展，與兩項核心因素或條件沒法分離：其一是血脈，其二是土地（鄉土）。在農業社會，生存和發展離不開土地，所以中國人安土重遷，鄉土氣息濃厚，桑梓情懷強烈；另一方面，生存和發展更講求延續，於是離不了血脈，故中國人把延續血脈視為永恆不朽的頭等大事。眾所周知，家庭或家族（為方便討論，往後一律以家族稱之）乃社會結構最重要及最基本的單位，以家為本更長期以來被標籤為中國文化最突出的特質。正因如此，家族能否繁衍不絕，核心價值及道德思想能否有效灌輸，家族成員之間能否有效分工、互補長短不足等等，乃社會及文化新陳代謝快慢、政治與經濟綜合競爭能力高低的重大指標，至於歷史發展軌跡的周而復始，則一而再、再而三地證明，家族與社會、文化、政治、經濟等運行機制之間，其實有着緊密關連。所以，確保家族的繁衍不絕和代代相傳，成為今時今日大眾媒體經常掛在口邊的「可持續發展」之道。

歷史學家黃仁宇（1991）曾指出，中國人在血緣關係裏獲得永生，故此傳統華人社會極為重視「可持續發展」，而發展的重點則為延續血脈、繼後香燈。為了確保血脈不絕、香燈不滅，多子多福、開枝散葉乃被宣揚為社會的核心價值，沒有血脈則被視作人生的最大不幸，所以便有「不孝有三，無後為大」的訓示或教條，若血脈一絕，香火即滅，祖先祭祀乃無以為繼，就成了台灣人類學家陳其南（1986）所言：如果沒有後代，生命即失去永恆的意義。與延續血脈一體兩面的，則是安土重遷的崇拜祖先。由於崇拜祖先，而祖先必然葬於桑梓鄉里，所以中國人總不願意離鄉別井，因為一旦遠

離家鄉桑梓便不能盡孝，祖先墳前無人拜祭，自己亦失去落地生根的歸宿。

血脈至上與安土重遷的文化基因

基因（gene）一詞或其概念由來已久，根源於希臘文中的 genetikos 及 genos，並與 genesis（《聖經》中的「創世紀」）等詞頗有語意相通之處，顯示古人很早已意識到基因乃傳承的最基本單位或核心所在；而有關基因的科學論述或研究，早在一個多世紀前已受到重視，但引起全球關注，成為顯學，並令普羅民眾均能琅琅上口，則是近數十年間的事，原因當然與科技一日千里，無數科學家投入大量研究精力後，在該領域研究取得連串重大突破有關。

扼要地說，人類或稱智人（homo sapiens）的基因組織或基因體——學術的用語是「去氧核醣核酸」（deoxyribonucleic acid，簡稱 DNA），由二十三對染色體組成，其中第二十三對的組成到底是 XX 或 XY 決定了各個體的性別。據統計，人類基因體由接近三十億個鹼基對（paired bases）組成，當中接近 99% 是相同的，只有 1% 有差異，而這 1% 鹼基對的內涵、組織、次序、排列等，則決定了各個體的膚色、身高、智能，乃至於遺傳病等等差異。

正因基因體包含了極為豐富的生物密碼，尤其可以核對任何個體到底來源自哪個祖先，又延續了哪些子孫等問題，近年乃常被拿來做「親子驗證」——即透過基因排列檢測，了解個體與個體之間的生物關係，到底是不是親生子女。這一重大科學發現，對於高度

強調血脈的中國文化而言，更可謂意義重大。因為中國人高舉血脈至上的旗幟，視血脈延續為生命長存與不朽的最具體表現，令祖先與子孫後代藉着血脈的因素緊密地連結在一起。即是說，遺傳基因的學說，令中國那種血脈至上的文化得到了極為重要和科學的理論支持。

因此，中國人重視血脈延續，提倡多子多孫，沒有血脈則成為人生最大的禁忌或不幸，因背後反映了永續的鏈條被中斷，無法將祖輩、父輩的基因傳承下去；而家族和社會的運行機制與邏輯，亦以血脈為核心。若果我們說重視血脈乃中華文化最突出的基因，相信應該錯不到哪裏去（鄭宏泰、高皓，2016）。由於血脈先行，在華人社會，家族的起落盛衰、結合分離，以至於代代相傳、綿延不絕所共同追求的，均是子孫血脈永續相繼，並非田地金錢之類的財產所能比擬。分家與另起爐灶總被視作十分平常之事，亦反映了家族（或社會）的新陳代謝。

相對於血脈或基因，土地的作用或重要性可謂十分清晰，沒那麼複雜，因為土地乃人類生活的最核心基礎，尤其是中國這個以農立國的社會，無論居住、耕種與活動，均需要土地。即是說，一切活動沒有土地實在無從做起，而人類死了之後，也是埋骨於土地，與西方宗教「塵歸塵，土歸土」的概念可謂殊途同歸。而由於重視血脈，中國文化又賦予土地另一種重大意義，核心所在既有聚族而居，成為村落，守望相助，亦因土地乃祖先長眠之地的緣故，衍生出籍貫、祠堂、祖先墓地，甚至風水等事物，既成為親人的共同烙印，亦需子孫長期守護與拜祭，所以若然子孫離鄉別井，移居他地，就會令祖先失去了守護者與拜祭者。

　　由此帶出來的另一層面意義，是祖先與子孫之間關係極為密
切，雖死猶生，祖先的蔭護和保佑，與子孫的守護和拜祭實為命運
一體、禍福與共，其中重視風水的特質，則可說是最好的說明。在
風水學上，祖先長眠之地會影響子孫的吉凶禍福，因為「父母骸骨為
子孫之根本，子孫形體是父母的枝葉，一氣相應」（施志明，2016：
124），故重視擇吉地安葬先人，成為中國文化其中一項特質，而中
國文化則因此被認為屬於「祖先崇拜」文化，這種文化的其中一項
突出內涵，是祖先的長眠之地與其居所及生活作業之地相結合，離
開那兒等於不能守護並拜祭祖先，亦失去了祖先的保佑。於是，安
土重遷的旗幟乃被高高舉起，離鄉別井被視為畏途，所以費孝通認
為，中國文化將血緣融為一體，亦與地緣相結合（費孝通，1996：
56-57）。

　　這裏帶出的重要社會觀察，在於中國人聚焦於血脈與土地，
並將祖先和子孫後代的禍福榮辱有機地連結起來，形成一種家族本
位、安土重遷的文化，至於隨之產生的價值觀念、精神信仰、思想
行為等，則很自然地會圍繞血脈與土地這兩個核心問題運作，令這
兩者成為中國文化最為突出的基因。至於中國人這種血脈至上、安
土重遷的文化，若與基督宗教那種藉上帝救贖獲得永生的文化，或
與日本人那種在延續家業與家名中獲得永恆長存的文化作比較，尤
可十分明顯地看到其巨大不同（鄭宏泰、高皓，2016）。

　　進一步說，在血脈至上與安土重遷這兩種核心價值或思想的左
右下，中國人的家族無論在組織結構、運行操作、邏輯機制，乃至
於傳承接班安排等，自然有其與別不同的特質。一方面，中國文化
追求多子多孫，認為多子多福，同時其實又並不抗拒分家，覺得「家

大必分，鳥大離巢」乃自然規律，更有提倡「開枝散葉」的傳統，將一代接一代傳承下去的「開」和「散」視作家族繁衍、充滿活力的重要表現，這種現象看似矛盾，實質只屬追求血脈延續、香火不滅的一體兩面而已。

可是，中外社會對於受這種中國文化基因影響下的子孫繁衍與開枝散葉模式，過往卻存在不少誤解：一來覺得每代必分的過程，很自然地會削弱家族團結的力量與資源，例如當分家析產時，每房都可以得到一份，家族企業亦難以逃離因各房（諸子）瓜分而「四分五裂」的局面（Freedman, 1958; Cohen, 1967; Chau, 1991）；二來又會覺得因為分的緣故，所以常有爭拗，有時甚至大打出手或告上法庭，中國人喜愛百子千孫，有錢人家又一妻多妾、子孫眾多，各房子孫感情未必夠深，於是常有矛盾爭執，令內部發展力量或凝聚力被削弱（Johnston, 1910; Liu, 1959）；三來是執着於血脈，難以吸納非血脈者，令人覺得其管理或用人制度過於封閉，只講求家族一己利益，難以持久發展（Redding, 1991）。

不同誤解與批評自有其原因，惟中國家族的發展，則自有其內部邏輯與核心考慮。社會學家麻國慶（1999：55）對中國家族的分合離聚有深入觀察，指出「分家並不是家的徹底分裂，分出去的家和原來的家，在『繼』的前題下，又以特有的形式，體現出一定的『合』的狀態」。對於華人社會這個「繼」的概念，對中國家族文化有深入研究的日本學者滋賀秀三（1992）則提到，華人社會的家族繼承，基本上有三個層次，即繼嗣、繼祧及繼產。所謂繼嗣，主要是指繼承血統及姓氏；繼祧則是指祖先拜祀、供奉；而所謂繼產，即物業財產的承接，亦包含了對上一代的撫養照料。

也即是說，原來結構上的「家」——尤其是產業已經分了之後，其實應屬原來家族結構下的「房」，各房之間與原來家族只是產業上的分離或「獨立」，但宗嗣、宗祧的繼承，並沒有因此割斷。至於分家後產生的戶或房（現代社會統稱「家戶」或「家庭」），是有根、有網，也有絡的社會組織和社會結構。難怪民國時期人類學家芮逸夫（1969）會以一個大家庭套着無數小家庭形成一個「家庭層系」的生動用語，來形容中國家族結構的特殊模式。

換個角度說，因為重視血脈，家族產業那怕分散了，甚至家人遷離了故鄉，共屬一脈、血濃於水的關係仍在。不過，由於受到政治、自然環境等外力的影響，加上家族本身又有不同的生命週期，所以同一家族內不同的分枝（房），為了生存和子孫繁衍的需要，便會發展出不同的模式。而當家族被迫遷移，在客居地重新開始、開山闢土，那些帶領家族在新地方落腳的一代，會被視作始祖，置於極高位置。當然，書寫族譜時，在尋根追祖、飲水思源思想的驅使下，仍會把源頭追溯到原來的始祖與祖籍的根本上。

概括地說，作為以農立國的社會，血脈、鄉土無疑乃中國文化的最突出內涵，家族的發展與內部邏輯，則深受其影響。雖則如此，受自然環境與社會政治因素等衝擊，加上家族本身有其發展或生命週期，便有了不同調適安排和應對。於是，我們不難發現，中國文化強調血脈、安土重遷，歷史上卻有不少大小遷移；強調五代同堂，卻又常常鬧分家或內鬥。即是呈現了看似矛盾但有統一一面，似是分散但有聚合趨向，形如獨立個體實卻關係糾纏等現象，關鍵是為了謀求生存與發展之故，根源則在重視血脈之上。

「富不過三代」各種因由探索

一直以來，「富不過三代」被視為中國家族企業頭上難以擺脫的「緊箍咒」，而「財發三代必垮」這句諺語更成為不少成功企業家揮之不去的夢魘。事實上，不少華人家族企業均較「短命」，如陳其南（1988）曾經深入地比較日本和中國的家族企業，發現日本不少大型家族企業如伊勢丹、松坂屋、三越、大丸、武田製藥等，都是過百年的老店，部分有二三百年的歷史，有些更長達千年；反觀中國的家族企業，不要說逾百年者罕見，就是有半個世紀壽命的亦如鳳毛麟角、少之又少。為何在中國文化影響下家族企業都「享壽不長」？中外學者都試圖從文化內涵、社會背景、家庭制度等不同角度入手，嘗試解釋及找出「病因」。

最早被提出來的理論，乃是兩國繼承制度的差異。由於中國文化基因看重血脈，所以只要是親生血脈，便要「分他一份」，故中國實行的是諸子共同繼承制。相對而言，日本奉行單子繼承制，即家族產業全歸一位指定的繼承者，其餘諸子只能被排除於外，或是只獲得一小部分財產，而被排除在繼承之外的諸子又會甘之如飴。因此，日本的家族企業得以完整地保持下來，並在此制度的保護下，歷百年而不衰（陳其南，1986；Chau, 1991；王崧興，1995；Nakane, 1970；滋賀秀三，1992）。而中國的家族企業在代代均分下愈變愈細，資產愈來愈少，力量愈分愈薄，最終被市場淘汰，家業終至滅亡。

由於中日一海相隔，種族及文化接觸交往源遠流長，中外社會常拿來比較實在無可厚非。但若將華人家族企業的短壽簡單歸因為

繼承制度的不同，卻忽略了兩地文化差異的內在因素，以及政治和社會環境的外在原因，顯然未能觸及企業短壽的癥結。

　　首先，內部因素方面，導致兩國繼承制度不同，是兩地文化重視點的不同：中國重視血脈永續，日本則重視家業長存。換言之，繼承制度不過是冰山浮面的一角，潛藏在水底下的文化內涵才是真正的原因。正因各有所取，當要在家業與血脈之間作出選擇時，自然會有不同的優次排序。日本文化雖看重血脈，但更重視家名家業，更將之放在至高無上的位置，具有長存不朽的象徵意義。為了保持家業家名，家業財富不能分，只能單子承接。而且為了令家業家名長存不滅、長盛不衰，對繼承人挑選極為嚴格，並以「擇優」為最重要考慮，故日本的家族企業不會執着於生物學上的血緣，在挑選繼承者時，那怕是親生血脈，若才能不如人，也只能退位讓賢。相反，就算是養子、贅婿，只要是同一姓氏，均有可能憑才幹脫穎而出，成為百年老店的唯一繼承人。因此，日本的家族企業可以說在某程度上擺脫了家族色彩，走向非家化之路。

　　相對而言，由於中國文化下的家族企業強調的是血脈延續，當家族的發展碰到重大挑戰，需要作出取捨時，最先保障的是血脈及家族利益，企業的存續並不會放在首要考慮，故家族企業很多時為保家族利益，被「棄車保帥」，難以像日本的家業可以永續。香港近年出現不少家族企業賣盤易手的現象，或者可以作為其中的例子。

　　在香港這個商業活躍的大都會，家族企業乃經濟發展和就業創造的中流砥柱，不少家族企業更是由小做到大，甚至上市成為跨國集團。但無論他們的歷史是長是短，將家族企業賣盤的個案卻從未

間斷。單單檢視近年的發展，便可找到不少例子：例如在 2008 年，
伍宜孫家族掌控的永隆銀行售予交通銀行；2014 年，馮堯敬家族
掌控的永亨銀行售予華僑銀行、廖寶珊家族的創興銀行售予越秀集
團；到 2017 及 2018 年，董浩雲家族將旗下的東方海外出售予中遠
海運、在快餐飲食打響名堂的譚仔雲南米線和譚仔三哥米線均售與
日本丸龜製麵。

　　這些企業不少有近百年歷史，乃祖、父輩的心血，為甚麼在華
人社會，家族說賣便賣？難道他們都是二世祖、不孝子孫，不體恤先
祖的心血？由於各有前因，出售家業當中自有不同的故事與曲折，
而答案更不是非黑即白那麼簡單。不過，這些被售的百年家業，同
樣說明一個最核心的道理：中國文化只視企業或財富為家族生存與
發展的工具，乃物質基礎，並非其最終追求目標，所以不會傾全力
於保護之、維持之。正因企業或財富只屬家族發展過程中的工具，
所以便會在適當時機或條件下 —— 或是更直接點說 —— 當能帶來最
大利益時，將之出售轉手，不會執着於傳「萬世之業」的理想。

　　其次，因為中國文化強調只要是血脈，便享有諸子均分權利，
所以不會如日本單子繼承般服膺於單子獨享一切的做法，兄弟間總
會有爭奪較勁之心。在古代，那怕是皇帝的大位，也會有「吾可取而
代之」的心態和衝動，當然亦有不惜冒生命危險也要逐鹿中原的情
況。雖然在制度上，中國一直強調「立嫡以長不以賢」，但實際上，
諸子爭逐的比拼卻從未稍減。時至今日，「爭做皇帝」無疑被拋進歷
史的垃圾桶，但中國文化因重視血脈，並採取諸子均分制度所產生
的家族與企業發展特質，例如常有尋求自立門戶之心、內部競爭激
烈等，仍始終清晰地顯露出來。而由於內部競爭激烈，難免造成內

耗，損害家族企業的長遠發展。

另一方面，中國文化由於重視血脈，故採用眾子均分的制度，這樣自然會導致家業分拆，資本難以積累，既較易引起內耗，亦較難藉資本積累令企業做大做強。與此同時，亦有論者認為，由於過分重視血脈，企業高層往往由家族中人佔據，就算他們只是尸位素餐，亦不會被革退，結果會令企業架構變得臃腫，亦容易出現山頭主義。不但公司管治容易出現問題，更不利吸引外來人才，令企業難以持續成長（Redding, 1991）。

至於中國企業難以長久的外在因素方面，主要是朝代更易的政治和社會環境轉變。與中國相比，日本可說是綿延不斷的「帝制社會」，因為日本長久以來都由一個皇朝統治，被稱為「千秋一帝」，就算在鎌倉、室町及江戶幕府時代，皇族的影響力仍在（趙健民、劉予葦，1989），所以無論家族或企業，均較少受改朝換代和戰爭的洗禮。可以這樣說，在一種相對穩定的政治環境下，日本企業的發展有一定程度的保障，因此其壽命自然較長。

若細看近代中國歷史，則不難發現屢歷巨大變革。舉例說，中國經歷較為頻繁的朝代或政治興替（清代明而起，至民國政府被共產黨所取代）、外敵入侵（列強瓜分、抗日戰爭）、內部戰亂（軍閥割據、國共內戰）以至席捲全國的政治及社會運動（共產主義制度、文化大革命）等。這些「變天式」政治和社會環境的重大衝擊，無法不給家族和企業的組織與發展帶來挑戰。有的家族企業會因戰亂或政治局勢逆轉而覆滅；能存活下來的，亦要調整家族發展的策略。而由於「分散式」的家族結構較能應對變局，較易爭取有利生存和延續

的空間，結果導致華人家族予人「富不過三代」的印象。

克服「富不過三代」的傳承發展之道

　　儘管企業長存並非中國文化最為熱切的追求，但因其同時折射了家族的強弱興衰，所以過去一直被相提並論。即是說，企業不斷壯大發展，則是家興業旺；企業滑落賣盤，往往亦是家族走向衰落之時。然則，無論是受制於家族內部發展，或是社會、政經或天災人禍，企業在前進道路上總會碰到各種挑戰，出現起落興替的問題。

　　細看中國家族企業的發展狀況或模式，確實並非全是「富不過三代」，有些的確難逃宿命，有的則可富過多代。香港華人家族企業研究先驅黃紹倫曾提出前瞻性的系統分析，認為基本上中國的家族企業難以跳出「富不過三代」的先天性局限，但如果傳承得宜，則有可能有所突破，跨越三代。他以中國家族企業發展與演變的四個階段 —— 崛起（emergent）、集權（centralized）、分裂（segmented）、崩解（disintegrative）—— 作為說明，並認為這個企業發展生命週期，和家族的生命週期 —— 誕生、成長、成熟、衰亡 —— 同步，所以如何令家族富過三代、企業長遠發展下去，除了要克服種種企業發展上碰到的問題，更要同時克服家族生命週期中碰到的問題（Wong, 1985）。

　　這個分析對我們的研究很有啟發，尤其在找出如何能富過三代的突破點方面。簡單來說，不論受甚麼原因推動，當初有何特殊背景，第一代能成功創業，帶領家族崛起，無疑是最重要的突破點。

所以我們亦從這個「崛起階段」開始分析。總括而言，能夠成功崛起的一代，開始時大多數創業者尚是孤家寡人，並未組織自己的家庭，部分已有家室的，往往亦是新婚不久或子女尚幼，就像廣東人所言「仔細老婆嫩」。而創業能夠成功突圍的關鍵，則是個人或剛成立的家庭各成員胼手胝足、不怕吃苦和全力打拼。至於他們揀選或從事的行業，往往亦是方興未艾，處於成長期。公司規模及管理同樣處於成長期，決策高效且權力集中，由創業者一言九鼎地說了算，參與其中的家族成員或職工，只是跟隨着創業家長的腳步前進。

黃紹倫認為，無論是家族企業崛起之時，或是進一步壯大之時，管理上均是創業家長的一言堂和高度集權，其他人只是全面配合，這是企業的「集權階段」。可是，隨着家族、生意和企業生命週期發生變化，這種管理模式必然會產生各種問題，既會影響到生意的利潤和企業的發展空間，同時亦會左右家人關係。如何克服，令三者更能互相配合，產生更大效果，則成為決定家族和企業能否更上層樓的重點。在這階段，由於家族的第二代已長大，開始冒起，而企業經營的行業亦由成長期趨向成熟期，故第二代能否成功接掌企業，以及他們是否有眼光帶領公司開發新業務，乃此階段的最大挑戰。因此，要成功「富過三代」，便必須了解傳承接班之道。

家族和企業要長久發展，必然需要傳承接班。在一般情況下，華人社會上一代對下一代的傳承接班安排，在很早之時 —— 例如第二代出生 —— 便已開始，這可視為第一階段的接班安排。其特點是這些大多屬非正式的鬆散、隨意做法，沒有嚴謹要求，多因應本身實際發展情況進行，例如要求子女修讀甚麼科目、陪同父親出席公司的活動或會議、暑期到公司實習等，屬於傳承接班的醞釀時期。

　　至於較為正式的接班安排，當然是第二代學成後踏足社會之時。方法基本上是兩個大方向：一、先安排子女到別的公司工作，再回到自家公司任職；二、直接到自家公司工作。若選擇將子女送到別的公司工作，那些公司多以跨國企業為主，讓子女觀摩跨國企業的現代管理模式，同時建立人脈關係，有點易子而教的味道。若在自家公司工作，安排則較多元化，有些會安排子女從低層做起，讓他們了解基層及前線的需求；有些則會安排子女輪流到不同部門，全方位認識公司運作；亦有讓子女負責或協助公司開拓新生意、新投資等。總而言之，便是透過做中學，親身體驗商業社會或公司的運作，避免紙上談兵，這屬於第二階段的接班。

　　當第二代已基本掌握家族企業發展、管理和文化等內涵後，必然會被安排到管理層的崗位上，但多會由較低層的管理職位開始。這時第一代對子女會有較貼身的教導，亦會給予一些實質的項目讓子女作決策，然後根據他們的表現逐步提升，或繼續「留校察看」，直到有所表現。而最後將第二代提升至整個集團的第二把交椅，即僅次於第一代領導，基本上可說是「一人之下，萬人之上」，自由度和權力已經很大，只是背後總有老父看着，這是第三階段接班的特點。

　　真正完成接班的訊號，是第一代因健康問題失去管治能力或是去世之時。因為第一代仍然健在時，那怕第二代已坐上了總經理或主席之位，若第一代仍出任公司資深或高級顧問等職，其實第二代仍不能百分百掌控企業，遇到重要決策或難題時，大家的眼光總會望向背後「垂簾聽政」的太上皇。只有第一代去世或身影完全撤離公司，第二代才能完全掌握家族企業（圖1）。

圖 1：世家大族的傳承接班過程

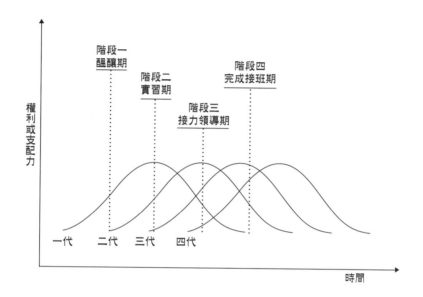

但第二代就算能成功克服接班時期的種種考驗，順利接棒，也不代表他們能成為企業的真正領導者，他們仍須解決生意和企業由成熟走向衰退產生的問題，包括生意的盈利倒退、增長放緩，企業內員工大增後出現的官僚作風、效率下滑等，令家族和企業擺脫困窘，在瞬息萬變的商業世界站穩陣腳，重上發展的升軌。這點亦是對接班一代能否樹立真正領導權威，帶領家族、企業和投資走上另一層樓的最大考驗。

即是說，家族、企業及行業（生意）三個生命週期同時發生變化，給家族上下帶來巨大挑戰，能否成功克服連串糾纏複雜的問題，是接班人及一眾家族成員的共同命運。若然家族能克服各種問題，則不但新領導能樹立權威，家族內部矛盾能得以化解，企業管

治亦可更好提升，因而必然可將家族和企業推向另一擴張和發展的台階。

完成接班是一回事，如何進一步發展又是另一回事。一個不爭的事實是，家族第二代的人數一般較第一代多，並會出現各有專業、追求不同人生目標及理想的問題，若然第二代又成家立室，且有年幼子女時，其盤算則更為複雜紛紜。第一代在世或思考接班時，亦會察覺相關問題日趨嚴重，於是更會刻意為子女的事業與生意投資創造多元化的環境，讓各人可在不同層面上找到各自的發展空間。

對此，黃紹倫曾指出，由於第二代乃兄弟姐妹，親情仍濃烈，所以他們接班時往往能在第一代創下的基礎上同心協力壯大生意。因此我們可將那個能夠傳承成功、取得突破的階段稱為「擴張階段」。即是說，在第一代傳承至第二代的過程中，能夠克服家族、企業和生意三個重疊生命週期問題的家族，總是走上了進一步擴張之道，而非如黃紹倫所指的「集權」，關鍵除了子女眾多、有能力、能克服繼承問題，還與彼此感情深厚、能求同存異有關。

當然，這個傳承過程極為複雜，關係微妙，家族中人碰到分歧與糾紛，必須願意從家族的大局出發，尋找解決方法，避免家族企業分崩離析。即是說，第二代接班能夠成功的機會一般較高，亦較有把握。但到了第三代，或第二代管治的後期，由於有第三代捲入其中，接班或企業延續的問題便會變得複雜，亦更難以解決。原因首先是隨着家族壯大，成員增加，可能的接班人選亦增多，各房為誰能接掌公司的明爭暗鬥亦會變得頻繁，成為家業分裂的伏線。

其次是家族中人感情及關係的轉變。由於叔侄或堂兄弟關係較親兄弟疏離，各房自會優先考慮自己最親之人的利益，加上第三代成員成長與受教育的環境截然不同，缺乏同一屋簷下的共同經歷與成長的親情，因此難如上一代般將家族親情視作考量重點，較願意包容退讓，以維持家族及企業的團結。此外，由於不少第三代成員在年幼時即被送到西方社會接受教育，認同西方制度的優點，故多較傾向引進新的管理方法，以補祖、父世代的不足，確保家族企業向西化方向發展；再加上第三代多數沒有親眼看到祖輩創功立業的艱辛，對公司自然不會有特殊感情，只會視之為一盤能賺錢的生意。結果，第三代在面對家族或企業逆境時，少了感性思維，也更關注自己的權益，而在理性運算下，較易作出引刀一快，將家族和企業分掉，然後各走各路的決定。於是，家族分拆、企業賣盤或解散，自然成了別人眼中「富不過三代」的例證了。

對於不少家族在第三代接班時選擇各走各路、分裂告終這一現象，黃紹倫顯然亦有注意到，所以他同時還提出一個可能性——若然有家族能在分裂階段時避過走向崩解階段，便有機會重回集權階段的管理領導權合一，則企業將能繼續發展下去。黃氏這一觀察，與「修剪家族樹」（pruning family tree）後的局面，可謂異曲同工、不謀而合。

我們的深入觀察是，家族企業在第二、三代接班之時，若然出現人多口雜、意見和目標不能一致，甚至激化嚴重家族矛盾和衝突時，為了令企業能夠往前走，提升效率，強化管治，不至於在矛盾爭拗的內耗中消亡，或是因為固執於各走各路而分崩離析，有的家族會選擇由某一房收購其他房的股權，將決策與控股權重歸一房之手，其他房

則取回資金，另謀出路。儘管這種安排有時也會傷害部分親人感情與關係，但始終較因長久內耗，將企業和家人感情全數賠上為佳（鄭宏泰、高皓，2016；王國璋、鄭宏泰、黃紹倫，2018）。

不過，香港的世家大族在處理接班問題時顯然較成熟，集權後多不會走上分裂之路，亦非單靠「修剪家族樹」這一道板斧。其中，提升教育與多元化發展是最主要的方案。具體點說，出身平凡且教育水平有限的第一代，創業的過程自然是舉步維艱，為了彌補本身教育水平不高的遺憾，加上不願下一代因學識不足而走冤枉路，故多會大灑金錢支持子女的教育，甚至將子女送到歐美等地的著名學府留學，認為這樣更有助積累其人力與社會資本，成為他們投身社會時的最佳保障。

由於下一代接受了良好教育，他們的出路自然更闊更廣，也有更多事業可供選擇。有些會成為專業人士；有些會加入政府，成為公務員甚至高級官員；有些選擇藝術，過着忠於自己的創作生活；當然亦有些會加入家族企業，挑起接班大任，馳騁商場；也有一些不願受祖、父輩家族企業的約束，寧可自立門戶、另起爐灶，闖出另一片天。總之，形成一種子女多元發展、各有各精彩的格局，我們因而稱之為「多元化階段」。

可以想像，出身在豪門大戶，已是「贏在起跑線」，一開始已享有較一般人雄厚的經濟、社會及政治資源，加上生活圈子讓他們建立起更具優勢的人脈網絡、門當戶對的婚姻聯盟強化了無形綜合實力等因素，按道理他們成功的機會很大。不過，因應各人的才能不同、志向有別、際遇的起落順逆，仍會有人表現突出，有人中庸普

通，更有一些淪為失敗者，就正如民間俗語「樹大有枯枝，族大有乞兒」的描述。

　　無論第三代甚至以後世代個別的際遇如何，家族的核心企業或投資基本上不會受到太大影響，因為那時的企業往往已趨成熟，或把不少投資投放到地產或藍籌股票之上，基本上會維持着穩定的回報。而這時家族成員間的關係，多已不再如祖、父或自己兄弟輩般深厚，基本上較接近商業合作的關係，我們可稱之為「夥伴合作階段」。若有個別成員敗落，其他人的首要考慮是如何撇清關係，防止整體家族核心企業與投資受到牽連。簡而言之，就是遵循商業社會的原則，冷靜計算如何維持利益的最大化，並將可能損失降至最低。

　　顯然，香港大家族的發展和傳承，與黃紹倫提及的「四階段論」已有所不同，第一代「崛起」之後，不一定走上「集權」之路，而是在第二代逐步走上前台後，加速企業管治與生意轉型，若能成功突破，則能令企業與生意進一步「擴張」；而隨着第三代的加入，往往又進入「多元化」的發展策略，一來藉以減少內部矛盾與衝突（內耗），二來則可達至分散投資風險；到了第四、第五代以後，這些世家大族雖然未必如第一、第二代般屬於社會中最頂尖的一群，但仍屬社會的上層階級，家族並沒崩潰、破落，惟他們之間的關係則較多傾向於如「合作夥伴」了（圖2）。

圖 2：世家大族的發展與擴張軌跡

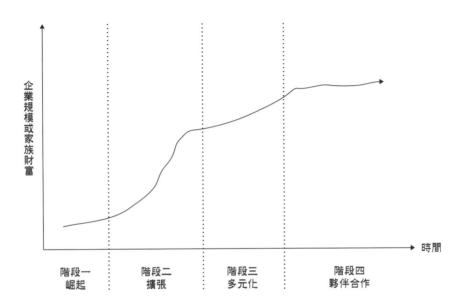

扼要地說，世家大族的發展與傳承之所以能有突破，是因為他們在崛起後能夠順利解決家族、企業和生意三個生命週期重疊所帶來的巨大挑戰，因而能化解內部發展矛盾與衝突，並獲得新的發展動力，於是能夠進一步擴張壯大。至於第二代一來人多勢大，二來又大多受過更好的教育，所以能成為擴張核心，帶領家族企業朝更寬廣的多元化道路前進。到第二代退下火線傳給第三代時，儘管同樣會碰到前述三個生命週期重疊的問題，但有了第一次解決問題的經驗，加上在理性計算後明白到家族核心生意與投資的結合比分散更有利發展，故總能求同存異，令問題能較易化解。而新一代家族成員由於成長年代不同，所學所感有異，志趣不同、各懷想法毫不為奇。部分成員為求獨立，甚至寧可放棄加入家族的生意，選擇

自立門戶。但是另一方面，家族成員在經營企業時，通常會互相合作、互補不足，比較普遍的情況是各成員在公司內擔當不同崗位。這種「夥伴式」的合作關係，對家族企業的發展是有裨益的。

　　順作補充，在中國這種天災人禍時有發生的社會，世家大族要長期保持興盛，着實不易，強調多子多孫自然成為確保血脈延續的不二之法，在生意投資或子女教育方面走「分散式」多元發展道路亦成為常態，諸子均分繼承制度顯然也是基於相同考慮。於是，我們不難觀察到，一方面，中國人對於家的掌握極為重視，子孫眾多的多元發展，尤其容易發展成「榕樹式」家族集團；另一方面，家族企業必然要掌握在自己的血脈手中，若然不能掌控，則寧願賣盤，對家族企業落入非家族人士掌控極不自在；第三方面，對於家族企業的壽命長短並不介意，總之要有利可圖，若然生意沒有發展空間，或是失去盈利能力，則不會留戀。以上三大特質，與日本和西方不同文化背景下成長的家族企業比較，尤其能夠凸顯其相異之處，可見家族企業在成長、發展、傳承，甚至去留等方面，其實各有不同。因此不能如廣東俗語所云「一部通書睇到老」，食古不化。

結　語

　　一般而言，當提到華人社會的世家大族，甚至是其家族企業，很多人隨即會聯想到「富不過三代」的問題；「人無三代富」或「君子之澤，五世而斬」一類的說法，更是琅琅上口。背後的一些辛辣批評，是大富之家往往不善教子，產生「二世祖」、「敗家仔」；又或是富有人家的子孫，常常不事生產、坐吃山空，或是揮霍無度、生活

奢華，所以便會散盡家財、敗壞祖業。另一方面，民間社會亦有「財發三代必垮，書讀三代必發」的順口溜，鼓勵人就算出身貧窮也不要放棄，只要肯不斷努力，或寒窗苦讀或辛勤打拼，一代不行第二代鍥而不捨，第二代不行第三代繼續堅持，最終必有出頭天，名揚四海。可見或發或垮的關鍵，在於子孫賢愚勤惰。

與此同時，我們又不難察覺，無論是「財發三代必垮」，或是「書讀三代必發」，其潛台詞是家族的前進歷程不會恆久不變，而是必然會因為某種行為的積累，最後由量變引起質變，令發展形勢逆轉。透過對不少香港世家大族發展故事的梳理，我們確實可以找到不少「財發三代必垮」，或是「書讀三代必發」的例子，揭示由貧而富或由富而貧其實有其內在因素，不能總是推到個人努力因素之外。本書挑撰香港其中一個顯赫家族 —— 周永泰家族 —— 的發展作個案研究，在介紹這個家族不同世代扎根香港的故事中，剖析此家族對血脈、鄉土與移民的看法，同時又檢視天災人禍如何給家族的起落興替帶來巨大衝擊，進而說明香港社會前進過程的風浪跌宕和不斷蛻變，儘管某些外在因素非人力所能抗逆，但內在因素如努力和爭取所發揮的作用，同樣不容低估。至於不同家族後代的際遇，雖然與他們的努力有不少直接關係，但同時也有「人算不如天算」的情況，顯示在探討家族長遠發展時，實在也不能忽略某些難以抗力的風險。

第二章　移民世代：

周永泰與李氏

引 言

　　華人社會雖然強調安土重遷，但受自然災害、族群矛盾、改朝易代、戰爭或追求個人理想等眾多複雜因素的影響，卻又無法避免要經歷無數遷徙。撇除文字還未出現之前的遷移歷史不談，漢民族自三皇五帝以還，便經歷了大小不一的無數次播遷移徙，從中原（又稱中土、中州，秦以前視作「天下之中心」，以別於邊疆地區）的發源地，[1]不斷向南北西東的周邊地區擴展。而其遷移流徙的步伐，在改朝易代、國力鼎盛或災難嚴峻時尤為急速激烈，規模亦更為巨大，顯示移民與社會的發展，其實繁衍相生、密不可分。

　　事實上，世界上有不少民族同樣歷盡滄桑，經常要逐水草而生、居無定所。在航海技術尚未發達之前，各種遷徙基本上被限制在某一特定土地（大陸板塊）之上。航海技術取得突破之後，由於較容易飄洋出海，而探險尋寶等行為又變成一種潮流，遷徙移民的目的地幾乎可以遠至地球的每一個角落。至於進入現代社會後的城市化，則導致連綿不絕的鄉村往城市移民的巨大浪潮，令移民行為變得司空見慣。可見移民的行為，其實與人類社會的發展形影不離，形態常有變化，成為其中一個必不可少的組成部分。

家 族 世 系 與 不 斷 遷 徙

　　對周氏家族而言，移民其實並不是甚麼陌生行為或人生經歷，

1　廣義而言的中原，是指黃河中下游地區；狹義而言的中原，則是指河南省一帶的地方。

因為周氏先祖為了尋找更好的生活條件，或為了應對天災人禍，很早之前已經展開了移民的步伐。撇除宋代以前的歷史不談，據《石龍周氏家譜》記載，散佈在廣東嶺南的周氏族人，其先祖可追尋到北宋大儒周濂溪（本名敦頤，字茂叔，號濂溪）；至於生活在東莞一脈的周氏族人，其分枝則始自周天統（本名直卿，字卜年，號天統，周濂溪曾孫）。周天統生於北宋徽宗政和四年（1114年），「原籍湖廣道州」，後來「宦遊嶺南」，到了廣東生活，並且選擇「隸籍番禺」，居住在「羊城荷塘里」（周德輝，1926：沒頁碼），即是移居到了廣州範圍一個叫荷塘里的地方。

宋室南遷，周氏族人因有了早前移民的背景和聯繫，更加大量南來廣東，並因無法北返而決定扎下根來。南宋紹興三十一年（1161年），因「金人內侵」，直逼采石磯（位於安徽省馬鞍山市北長江東岸），令南方震動，周天統本欲「攜家歸九江」，但卻「途阻兵燹」，只好改為轉居「南雄珠璣巷」，在廣東韶關住了下來。不久，周天統因獲「正千戶」的官銜任職廣州，在穗落戶，「遂占籍焉」，而他在南宋光宗紹熙四年（1193年）去世後，選擇葬到東莞黃坑的獅子嶺上。正因如此，周天統乃被後代視作東莞一脈的「周氏一世祖」（周德輝，1926：沒頁碼）。

周天統落籍廣東後，其子孫血脈仍不斷繁衍，其中第十五世祖周萬正（生卒年份不詳），本來居住在東莞屋廈鄉橋梓頭（又稱橋仔頭），後來為尋求更好的生活條件遷移到了良家村周屋圍（即南生圍），因而成為良家村周屋圍周氏一脈開枝散葉的始祖。周萬正之後，周氏第十六世祖周介吉（1678—1742）及第十七世祖周顯璧（1710—1748）又再從周屋圍搬到不遠的南便圍，而第十八世祖周慶

長（1747— 不詳）及第十九世祖周鈞瑞（1789—1850，諱居散）等，
則一直以南便圍為農耕生活之地，沒再播遷（周德輝，1926）。可以
這樣說，周氏先祖由北而南的流徙播遷足跡，便已粗略地反映了中
華民族持續不斷的發展歷程。

然而，就在周鈞瑞生活的那個年代，慎終追遠、綱紀倫常、安
土重遷之類的傳統道德雖然依舊，但世界格局已發生巨大轉變。早
在約半個世紀之前，歐洲因科學技術的革新而開始了工業革命，令
不少國家的綜合實力急漲，緊接着的航海技術提升和不斷發展，更
讓他們得以突破人類社會過往深受大海汪洋阻隔的局限，可以無遠
弗屆地向地球上相對落後的國家或地區推進，開疆拓殖，刺激起歐
洲多國一浪接一浪向世界各地掠奪資源與擴張領土的浪潮。憑着船
堅炮利，無論非洲、南北美洲、亞洲，以至大洋洲，均或先或後被
征服，淪為其殖民地或半殖民地；掠奪資源，令歐洲一躍而為主導
並支配世界的核心力量（Toynbee, 1946-1957）。至於一直自視居於
「天下中心」的中國，亦在十九世紀初葉碰到前所未有的巨大挑戰，
甚至因而被排除到國際政治的邊緣位置。

對中國而言，過往的巨大挑戰大多來自陸地上（北方）的左
鄰右里，而挑戰者大多策馬揚鞭、揮刀舞劍越山而來；這時的挑戰
者則來自萬里之外的歐洲，他們跨過汪洋，由東或東南的大海乘坐
輪船迎風破浪掩至，使用的不再是刀槍劍戟等「冷兵器」，而是威
力強大的「熱兵器」——火槍火炮。歐洲人東來其實早於十六世紀
開始，但當時他們並未發動侵略，而是採取較為迂迴的手段，爭取
中國皇帝的恩賜。結果，澳門被劃出成為葡萄牙人的貿易居住地，
在溝通中西內外方面充當極為吃重的角色（吳志良、湯開建、王金

平，2009）。

但是，在周鈞瑞那個年代東來的歐洲人 —— 特別是英國人，其實已經不能接受取道澳門與中國進行貿易或交往 —— 尤其要讓他們俯首於葡萄牙人面前。當他們覺得要求從正途通商交往之路不通時，乃想出各種其他方法，以走私方式在沿海偷偷輸入包括鴉片在內的各種被清政府明文禁止的貨物，成為雙方關係日趨緊張的關鍵。

貿易摩擦本來可以透過雙方談判解決。但在那個年代，一方昧於形勢，故步自封，不知國際秩序已經出現翻天覆地的轉變；另一方則相信本身無論是武裝力量、軍事策略，或是思想工作上均佔有絕對優勢，屬於有備而來。結果，一場戰爭終因禁止鴉片貿易被挑起。由於雙方軍事實力強弱懸殊，刀劍與炮彈較量的結果，當然沒有出現奇跡，戰敗的一方最終只能任人宰割，割地賠款、開放通商港口等則屬俟後連串不平等條約的「例牌菜」，大清皇朝進入了備受欺凌的年代（郭廷以，1979）。

正是因為在鴉片戰爭中大敗，大清帝國被迫割讓位處珠江口的香港，作為英人殖民管治的通商要塞，周氏家族的命運乃在那個時代中發生巨大變化。原來，自從香港開埠後，廣東沿海一帶的鄉村即變得沒有從前那麼寧靜。其一當然是香港出現不少謀生機會的消息，不斷在鄉村地方傳播開去；其二是愈來愈多洋人東來，既有傳教，亦有貿易，他們帶來的一些新鮮事物，在鄉村地方均引起紛紛議論；其三是海外地方拓殖開墾需要大量勞動力，因而直接來華招聘人手，大力宣揚「化外之地」的機會處處；其四是華南經濟日見凋敝，鄉民生活不易；其五是戰亂頻仍，第一次鴉片戰爭之後有第二

次鴉片戰爭，接着又有太平天國之亂。總之，那時的內外拉推因素促使大量華南鄉民向外地移民。

正因受到眾多因素的影響，那些不願在鄉村繼續務農耕種者，乃興起往外謀生、尋求更好發展的念頭。至於已在東莞南便圍扎下根來的周氏十九世祖周鈞瑞，很可能亦察覺到時局的轉變，並促使其第三子周永泰（本名周應能，字承歡，號永泰，因家族一直以號相稱，本書亦一律以此稱之）最終踏上出外謀生的移民之路（周德輝，1926）。

移　民　與　創　業

從某種意義上說，香港乃移民的代名詞，因為本地人口只佔極小比例。資料顯示，大英帝國強行佔領香港島時，香港的人口只有數千而已，當中更有接近二千人乃「以舟楫為家」、足不着地的水上人。香港開埠後，由於殖民地政府高舉自由貿易的重商旗幟，華洋移民紛至沓來，人口數字不斷攀升。俟後，就算香港的幅員不斷擴大，原居民人口的比例仍只佔少數，移民人口反而成為這個國際貿易海港的主體力量。直至二十世紀六十年代，非本地出生的人口一直高於本地出生的人口（鄭宏泰、黃紹倫，2004），可見坊間流傳「移民乃締造香港奇跡的主力軍」的論述，實在所言非虛。

香港開埠之初，大量為「搵快錢」的華洋移民不斷湧入。第二次鴉片戰爭之後，割讓九龍半島又加快了移民湧入，惟當時社會上充斥着扭曲的價值觀，治安不靖不在話下，制度尚未建立亦令社會

添加不少不穩定變數，但經濟卻充滿活力，商業貿易尤其活躍，這一方面是受人流、物流和資金流持續上揚牽動，另一方面則與各方移民講求「搵快錢」、事事都效率先行有關。是非黑白和對錯不被看重，總之一切都是「搵錢至上」，難怪有社會學家把當時的社會稱為「暴發戶社會」（parvenu society），意思是大眾的價值觀念扭曲，人人心中只想發達，不問對錯（Lethbridge, 1978）。

正是在那種背景下，生於道光十年（1830 年）十二月初一日，並於 1859 年結婚的周永泰，[2] 在進入而立之年後，漸漸感到周屋圍地方太小太偏僻，不能成為自己發揮才幹的舞台，令他有志難伸。當時第二次鴉片戰爭已結束，清廷再次戰敗並簽訂了《北京條約》，將九龍半島割讓與大英帝國，擴展了香港的領土。周永泰從不同途徑得知香港的情況，並看好香港的前景，認為那時的香港充滿機會，更有發展空間，於是大約在 1860 年代初攜同妻子到港，希望能在這片殖民地闖出一片天。對於這次移民行動，由周氏家族撰寫的《石龍周氏三代談》如此記述：

> （周永泰）及長，有大志，不甘久居鄉曲，困守一隅，時思遠遊四方，以圖發展其驥足。於是偕元配李太恭人同遊香港。（周德輝，1926：沒頁碼）

當時由於戰亂、天災等原因，許多廣東沿岸的民眾移民到港，其中不少是隻身帶着冒險家心態來「碰運氣」，顯然具有「不是發達，便是破產」的賭徒性格或特徵（Barrie and Tricker, 1991）。但

2　1859 年，周永泰娶鄰鄉女子李氏為妻。李氏生於 1843 年，嫁給周永泰時只有十六歲。

周永泰的心態與他們頗有差異，因為他是攜同年輕妻子而來，明顯有長期居住的打算與打拼事業的色彩。即是說，周永泰當時是想腳踏實地在香港謀生與生活，與大多數移民只視香港為短期賺錢之地的情況頗為不同。

到港後的周永泰，又非如絕大多數移民般靠「打工」謀生，而是在找到地方居住後，隨即投身商界，經營「籌辦冠婚喪祭」的生意。當然，初到香港時生意的起步並不十分順利。「抵港後，僦屋而居，經營商務，頗覺困難。」但憑着夫婦二人的努力，逐漸站穩腳步，生意漸見起色，並積聚了一定的財力與經營網絡。

當生意走上軌道後，看來頗有一定野心的周永泰決定擴展業務，開始經營「製造金銀首飾」的生意。要知道金飾業的利潤雖較為豐厚，但需要投入的資金也較多，反映周永泰的生意發展軌跡雖有波折，但基本上屬輾轉向好的格局，才能由一開始的零售業務，擴展至須擁有一定技術與投資的製造業。而在生意不斷發展的過程中，他們的生活亦逐漸改善，成了小康之家。《石龍周氏三代談》對周永泰這時期的經歷有這樣的介紹：

> 抵港後，僦屋而居，經營商務，頗覺困難。既（原文如此，應是「繼」）而籌辦冠婚喪祭所用之器具、鹵簿，以應社會上之需要，其後稍有蓄積，又從事於製造金銀首飾之業，操奇計贏，而所獲更多矣。（周德輝，1926：沒頁碼）

早年成功的華人移民企業家的創業歷程，其實都具有一些相似的特質，包括創業時主要依賴家人或親屬的經濟資本與人力資本的

協助，即全家齊心投入經營，由籌集資金至店舖日常營運，都由家人一手包辦，不假外求。其次，創業者本人則十分辛勞，為賺取利潤不怕「捱更抵夜」，甚至會「捐窿捐罅」（鑽空隙）不斷努力以尋求突破，積聚力量。而當生意上了軌道，生活逐漸安定後，他們又會將為數不少的財富寄回鄉里（原居地），以供奉父母、養妻活兒，或買田買地、建設鄉里，流露了對旅居地缺乏歸屬感，而對家鄉則有揮之不去的寄託和情懷。

儘管周永泰早年在香港營商方面頗有鶴立雞群之處，在操奇計贏方面表現甚為精明，故在開埠初期風高浪急的局面中，仍能輾轉向上，積累財力，但他的思想和追求，仍然與一般華人移民分別不大，始終沒有擺脫傳統思想的窠臼。到了晚年，思想和行動變得更趨傳統與保守。可能因在異地已飄泊大半生，他對故鄉山水人物更是魂牽夢縈，加上想及百年之事，故總想要落葉歸根，回到家鄉安享晚年，並有埋骨桑梓地之打算。

不過，能在年輕時毅然攜妻離鄉，又能在香港商場成功打滾多年，周永泰的思慮及眼光顯然遠優於同輩。當他構思告老還鄉的安排時，自然會想到家鄉的地理及幅員等條件欠佳，未必能配合子孫血脈的發展。若舉家遷回周屋圍，子孫將像自己當年一樣，受鄉間的局限而影響前程。經多番思索，他想最能一勞永逸解決問題的方法，就是如當年帶領家族遷移的祖輩一樣 —— 遷鄉。

大約到了 1886 年，離鄉到港發展已超過二十年的周永泰，當時已到了花甲之年，積累了一定財富，又對衣錦還鄉、回報桑梓、家族傳承等問題經過長時間的思考，終於決定將構思化為行動，效法

先祖，以家族的發展需要作優先考慮，實行遷鄉。周氏家族於是由
原來的南生圍遷到石龍。其中的表面原因，看來是他察覺到石龍位
於廣東省東莞市北部，更瀕近珠江口，航運便利，商業更是日趨發
達之故；另一個不能低估的原因，則應與風水有關，因為家境日趨
富裕的周永泰，三子開始應考科舉，但卻未能一舉即中，他可能覺
得與風水不就有關，因而乃有另覓吉地，支持家族進一步發展的綢
繆（參考下一章討論）。

　　正因這次遷鄉行動，周永泰在族譜中乃成為另開一脈的「始
祖」。而由他子孫監修的《石龍周氏三代談》，則可視作周永泰以
石龍為家鄉後，周氏枝葉繁衍的記錄。「公居港二十餘年，時存鄉
土觀念，以故里 …… 地小，不足以盤旋 …… 遂與 …… 堂兄（周慶
雲）[3] …… 遷居石龍，是為石龍開基之始祖」（周德輝，1926：沒頁
碼）。而另一節則指「清光緒十二年（1886 年），先考永泰公與堂伯
慶雲公又由南生圍遷至石龍」（周德輝，1926：沒頁碼）。

　　從周德輝這段簡單敘述中，多項有趣的地方值得我們思考：
一、周永泰與不少華人移民一樣，過客心態強烈。雖然他當年是帶
同妻子到港，在香港生活超過二十多年，又已建立自己的事業，生
活安定富足，但仍時刻以故里為念；二、落葉歸根的傳統觀念濃
厚。相較於原居地南生圍，他在香港有兒女繞膝，生活環境也較理
想，但他仍有返鄉安享晚年之意；三、不完全固守傳統，因應本身
實際情況選擇遷鄉。雖說周永泰思想保守，但他卻有跳出傳統框框
的突破，遷鄉至石龍鎮。反映他那時已擁有一定財富，而且目光遠

3　第十九世祖周鈞瑞胞弟周國瑞之獨子（周德輝，1926）。

永泰公遺像

永泰世伯大人像贊

龍溪始祖首稱栽公開基創業發憤為雄
宅心忠厚氣象雍容生財有道由困而通
中學西學諸子同工家門鼎盛泱泱大風
東江流域萬派朝宗謹誌馨香海遺澤無窮

通家姪陳廷泰拜題

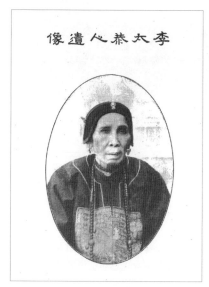

李太恭人遺像

周伯母李太恭人像贊

隴西閨秀生長梧州相夫以道德性和柔
主持家政動儉無儔命子就學中西近求
堂開四代八十三周門閭光大百祿是逑
蘭陔孝養象服優游溫溫恭人懿範長留

通家姪陳廷泰拜題

《石龍周氏家譜》內收錄的周永泰及夫人李氏的圖像及贊詞

大、深謀遠慮，想到兒孫日後的發展空間與前景等問題。

　　搬遷家鄉兩年後的 1888 年，周永泰在港去世，享年五十八歲。家人按其遺願將他安葬於周屋圍山郊，[4] 與其祖及父輩作伴，守着家鄉那片桑梓地（周德輝，1926）。周永泰死後，遺下太太及多名子女。長子周少岐（1863—1925）其時只有二十六歲，而周蔭橋（1866—不詳）、周卓凡（1872—1954）及周祥滿（1879—1894）則分別只

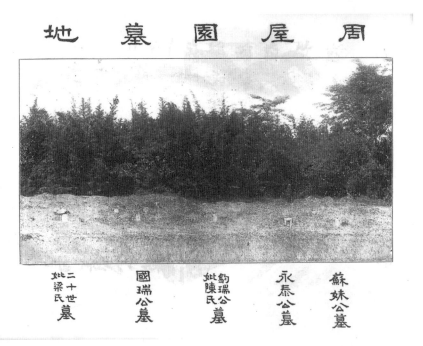

壯年時移居香港的周永泰，發跡後選擇落葉歸根，埋骨桑梓。從圖片可見周永泰與父母（鈞瑞、陳氏）、叔叔（國瑞）、兄長（蘇妹，早逝，改了個女性名字）等葬於周屋圍郊野，竹樹茂密，但基地簡陋，可能是風水之故，所以發跡後並沒重修。

4　據《石龍周氏三代談》所言，當時在周永泰獨力主持下，周家已遷鄉石龍，而周永泰去　　世後仍葬於原鄉，內裏原因耐人尋味。

有二十三歲、十六歲及九歲，另外還育有三名女兒，[5]生卒年月不詳。

　　周永泰晚年除了經營生意，還花了不少心思與財力於遷鄉一事之上，按理在他死後，妻兒應回到他精心所選的新家鄉定居。不過，在喪夫後，李氏沒有帶着年輕的子女返回石龍鎮，而是留在香港繼續發展。而她的這個決定，成了家族可以大展鴻圖、大富大貴的關鍵。可以這樣說，周永泰一脈能取得突破，他在香港二十年間打下的基礎具有不容低估的作用；不過，若妻兒真的如他所願，棄香港而選石龍，家族絕非今日的光景。

女家長

　　長久以來，無論是政治、經濟或社會，討論的焦點總是集中在男性身上，甚少注意到女性在不同層面上的貢獻。然而，若果細看不少世家大族的發展，女性其實扮演了極為吃重的角色。她們雖不如男性般在政商界前台上馳騁四方、指點江山，但卻在另一些層面或後台上居主導位置。其中最突出及重要的，是作為家族及企業的精神支柱、安撫情緒的避風港、緩和衝突的調解員、培養和訓練家族人才的「教練」，當然亦是面臨重大決定或挑戰時的「顧問」，在家族發展和前進的過程中，發揮了極重要的功用。可是，由於女性多困於內宅，其人其事甚難為外人知，故相關的記載和資料極為缺

5　眾女名字及資料均不詳，只知長女嫁東莞良家村單渭臣、二女嫁東莞太平鄉佘利，以及三女嫁東莞林屋洲林少薇（周德輝，1926）。

乏，周永泰夫人李氏（1843—1925），[6] 便是當中的突出例子 —— 雖然她勞苦功高，亦在家族及企業發展中扮演了極吃重的角色，但她的為人及貢獻卻鮮被提及，只在《石龍周氏三代談》中留下一鱗半爪的蹤跡。

資料顯示，李氏生於 1843 年（道光二十三年），十六歲時嫁給較她年長十三年的周永泰。婚後一年，她隨丈夫移居香港，在一個全新的環境下生活。由於他們初到香港時資金應不充裕，為了要在香港站穩陣腳，他們無疑需要胼手胝足地經營和生活，努力壓縮生活開支，將攜來的資金盡量投入店舖的營運。而為了節省人手，料理家務之餘，她亦需要到店舖幫手，生活相當勞累忙碌。「公之初至香港也，只與李太恭人同行，夫婦二人克勤克儉，以謀生活，所謂險阻艱難皆備嘗之矣」（周德輝，1926：沒頁碼）。

在香港安頓下來後的 1863 年，年屆二十歲的李氏為周永泰誕下長子周少岐，三年後又生了次子周蔭橋，然後有三子周卓凡和四子周祥滿，另有三名女兒，名字不詳。由於中國傳統極重視「傳宗接代」，李氏誕下四子三女，為周家延續香火，充分落實了「為妻」的職責。而且在夭折率極高、醫療極不發達的年代，周家除幼子祥滿早逝外，其他子女都能健康成長，李氏的悉心照顧肯定應記首功。曾與周家有交往的岑光樾，有如下較為細緻的介紹：

6　由於周德輝（1926）在《石龍周氏家譜》中指李氏「年十六歸封君（周永泰）以事父母」，顯示她約在十六歲（傳統上虛齡計算）時下嫁周永泰，即二人成親之時約在 1859 年（周永泰時已二十九歲），而周少岐則在 1863 年生於香港，推斷周永泰與李氏約在 1860 至 1862 年間到港謀生。

修家事有法，無鉅細咸一身任之。烹飪、掃除、澣渥、縫紉無
廢事，竹頭、木屑、零縑、斷素無棄材。群嬰繞膝，提攜抱負，
衣履襪褌皆自手製，無闕供。（岑光樾，1926：沒頁碼）

換言之，雖然李氏要「一腳踢」，獨力承擔所有家務，但她仍持
家有道，對丈夫及子女的照顧無微不至，三餐飲食四季衣裳樣樣備
妥，所以周永泰能夠無後顧之憂，全力投入生意開拓之中。

除了養育和照顧孩子，李氏還長期協助丈夫打理業務、經營生
意。她的協助不僅僅是簡單的「執頭執尾」，而是會提出一些建設性
的意見或想法。例如，她曾自製針黹首飾，讓丈夫在店舖中出售，
增加收入。當然有時還會為丈夫的生意經營出謀獻策，達至「旁觀者
清」的輔弼目的。顯然，李氏能做到傳統社會所要求的「相夫教子」
標準或境界，故獲「賢婦」的美譽。

然而，李氏最難得之處，是她的視野及洞察力。可能由於平日
有協助打理生意，較多機會接觸社會，故能目光如炬地看到作為英
國殖民地的香港，西式教育與英文對從商應極有幫助，於是向丈夫
提出要為子女的教育重新規劃與部署，讓諸子修讀中西語言及不同
專科以切合當時社會發展需要的教育策略。[7]

7　日後，由於「學習西文」的周少岐「突圍」而出，令家族逐步致富，反而「從事中學」
　　的周卓凡（甚至俟後子孫）則多有波折，未有發揮原來構思的效果，「從事中學」的策
　　略乃遭忽略。從資料上看，李氏心目中「從事中學」的目標，應着眼於考取功名，可惜
　　周卓凡連番應考未能高中，而1905年時滿清朝廷更取消了科舉制度，家族才放棄了「從
　　事中學」的奮鬥目標，令該教育策略無從發揮作用（相關討論可參考第三及第四章）。

> 太恭人乃與永泰公言曰:「現今世界中外交通商務日盛,西國語言文字最為重要。古人有言:『識時務者為俊傑。』吾欲令文輝(周少岐)與日輝(周蔭橋)學習西文,以應時勢之要求,而德輝(周卓凡)仍從事中學。如此,則諸子學問分途並進,他日學成皆可適用。此雙方兼顧之策也。君意以為何如。」永泰公從之。(周德輝,1926:沒頁碼)

從以上一段文字,可以看到一些有趣的特點。首先,李氏的觀察力及推斷力相當強,也極有眼光,能順應時勢為家族儲備人才。其次,她沒有「把所有雞蛋放在同一個籃子裏」,而是懂得分散投資風險。因為雖說香港是英國的殖民地,但當時清朝仍未覆亡,通過科舉進入官場,甚至出將入相,也是一條相當理想的出路。可見李氏不但在學習方面想得透徹,甚至兒子將來是從商或是做官,她心中亦有定算。

因為她的眼光,諸子被安排入讀不同類型的學校,大家各有專攻,修讀不同語言學科,令家族有不同類型的人才可以互補長短,能在華洋政商舞台上各領風騷。可以這樣說,周氏家族能登上另一重要台階,「諸子學問分途並進」的教育策略可謂極為重要。因此,若說周永泰留給子女的生意及財產是家族發展的硬件,那麼,李氏對子女教育的安排是同樣重要的軟件;而兩者的結合,則成為家族躍升的重要基石。

到底諸子求學時就讀於哪所學校?他們求學時的表現又如何?由於周少岐日後獲港英政府委任為定例局(即立法會的前身)議員,並披露他乃皇仁書院(原名中央書院)舊生,所以相信他和周蔭橋應

就讀於中央書院，可是卻找不到相關資料或記錄。不過，從一份由時任校長史釗域（Frederick Stewart）在 1878 年就學生英文水平向港督軒尼詩呈交的報告中，或可略窺周少岐兄弟在學校的情況。

該報告透露，當時學生可以隨時入學或退學，而同一級別的學生年齡可以差異甚大，因為學校以學生的教育水平決定他們入讀哪一級或哪一班，修讀英文班的學生年齡差距尤大。另外，當時已有不少家族安排子弟入讀英文班，應是為了將來更易謀生。接着，報告逐一列出四百五十三名學生英語能力的評估結果。其中，可以找到不少日後顯赫一時的歐亞混血兒的名字，如何東、何福、何甘棠、陳啟明、洪金城等（鄭宏泰、黃紹倫，2007），原來他們與周少岐兄弟早有同窗之誼。

在這四百五十三名學生中，除了有八名的名字看不到，只有五名學生姓周，分別是 Chau Yuk（No. 133）、Chau Shau（No. 161）、Chau Kap-fu（No. 175）、Chau Ming-cho（No. 386）及 Chau Hing-ki（No. 443）。而除 Chau Shau 已屆十七歲外，其他四人均是十六歲。他們在中央書院讀書的年期分別是三年、兩年、一年、七個月及一個月。英語能力方面，除了 Chau Kap-fu「能說流暢英語」（Speaks English with considerable fluency）外，其他各人均「根本不能說懂得英語」（Cannot be said to speak English at all）（*The Hong Kong Government Gazette*, 4 May 1878: 231-236）。

由於周少岐及周蔭橋長大成人進入社會後曾改了名字，二人求學時的名字反而乏人認識（參考下一章），故此，我們未能確定上述五人是否包括他們在內。但若按年齡推算，周少岐較可能是那四位

十六歲的學生之一。[8] 若周少岐真是當中一人，則那時他的英文並不太好，當然是他入學年期尚短之故。因為資料顯示，周少岐十九歲（1882 年）於中央書院畢業時，英文能力甚好，成為他日後能在職場致勝的關鍵。

1882 年，周少岐畢業並在船務處找到工作（詳見下一章討論），周永泰與李氏的擔子應該減輕了不少。但六年後，周永泰撒手人寰，那時周少岐在社會上才嶄露頭角，周蔭橋剛踏足社會，而周卓凡和周祥滿則仍在求學。雖然按傳統，身為長子的周少岐有「長兄作父」的角色或責任，在家族中擁有較高地位，不過他一向事母至孝，極少忤逆母意，對母親總是言聽計從，加上他那時一方面要專心打拼事業，另一方面又已成家立室，有自己的家庭要兼顧，故相信周家大小事務多由李氏定奪，於是李氏乃成為家中的女家長、家族的領導人，對子女的學業與事業均有決定性的影響力。

結　語

雖說安土重遷乃華人文化其中一項核心價值與特點，但為了家族、為了事業而離鄉別井，尋求更好的發展機會，與出仕為官性質相近，所以不會被看作甚麼大逆不道的事。當然，由於安土重遷，移民他方之後，仍會對原來的故鄉山水特別懷念，更常會有落葉歸根和回報桑梓之念。周永泰一代的移民企業家，則基本上流露了那種情懷，所以他在臨終前不但作出了遷鄉之舉，亦留下死後「埋骨桑

8　周少岐於 1878 年時應為十五歲，但中國習俗有時會多報一歲。

梓地」的遺願，後人則依其遺訓一一為其落實。雖則如此，我們亦不能排除各種個人及家族利益與家鄉緊密相關的因素。最直白易見的，便是三子周卓凡應考科舉一事，與家鄉祖籍密不可分，所以就算周永泰諸子女均在香港誕生，他們仍只視香港為臨時居住地，所以不但極重視與家鄉的關係，亦注重家鄉風水，當然亦會時刻想到「落葉歸根」的問題了。

家族的發展與繁衍，不能只有男性一方，女性的一方同樣不可或缺。無論是移民香港，乃至於日後發展生意及撫育子女成長，周永泰的妻子李氏其實亦扮演着重要角色。周永泰去世後的近四十年間，李氏均以女家長的身份主持了家族內的大小事務，在家族不斷發展與乘風破浪的前進過程中發揮「定海神針」的作用，其對家族的貢獻與影響，實在較周永泰還要深遠。可惜由於歷史探射燈總是照向台上的男性，令不少出色的女性湮沒其中。若非族譜特別引述了李氏就子女教育的建議，相信絕不會有人知道李氏竟有如此視野，並對家族的發展有如此大的助力。

第三章　扎根世代：

周少岐與周卓凡

引言

香港開埠半個世紀後，經濟實力及規模均明顯錄得巨大提升，社會制度亦基本上確立下來。周永泰去世十年後的 1898 年，大英帝國更趁着清廷在甲午戰爭中敗於一直視作倭寇的日本的可乘之機，對弱勢的晚清皇朝再作脅逼，要求強行「租借」新界（包括離島）的大片土地，藉以增加香港島及九龍半島的面積，而晚清朝廷在形勢比人弱的情況下逆來順受，「出租」新界，則令香港社會的綜合營商與生活環境發生巨大的轉變。

香港綜合實力迅速壯大之時，周氏家族在香港的發展狀況亦發生巨大變化，原因是踏足社會一段時間後，第二代已經憑着個人才幹，建立了一定的人際網絡及社會地位，因而可以在更好的舞台上發揮影響力，為家族的崛起和壯大作出更多貢獻。到底周氏家族的第二代如何取得突破？過程中又遇到哪些機遇和挑戰？遭逢困厄危亂時又如何克服？本章在介紹這些重大轉變和經歷的同時，亦會逐點加以討論分析。

發展事業的嶄露頭角

父母先人一步移民香港，令周少岐和他多個弟妹能在香港出生和成長，接受中西教育，讓他們有更佳的舞台成就事業與傳奇。正如上一章粗略提及，周永泰夫婦移居香港謀生後，在港誕下四子三女，並安排諸子分別修讀中西之學，期望他們學成之後可以「分途並進」。其中除四子周祥滿於 1894 年（時年十五歲）香港爆發大規模

瘟疫期間不幸染病去世外，周少岐、周蔭橋及周卓凡三子日後確實可以盡展所長，將家族在社會上的地位推向另一台階。

　　據周氏家族的資料記載，周少岐「年十九畢業（即 1882 年），任船政署文牘書記者八年」（周德輝，1926：沒頁碼），從當時本地報紙的報道，可發現周少岐踏出校門後一些具體的足跡。原來，他在中央書院畢業後，由於中英文的能力很高，先是加入 Wootton and Deacon Solicitors 工作；其後通過了競爭激烈的考試，加入國家醫院（Government Civil Hospital，即現時的贊育醫院），擔任通訊文員（correspondence clerk）；之後再獲政府取錄，進入船政署（Harbour Office）。工作期間，他不但學習到與船務及保險相關的知識，亦建立起自己的人脈，加上他表現出色，故不久即嶄露頭角，成為保險及船務公司挖角招手的對象（*China Mail*, 17 July 1925）。

　　周少岐後來放棄安穩的「鐵飯碗」，跳槽至私人公司，並在不足十年間先後出任萬安保險公司（Man On Insurance Co.）、全安保險公司（Chun On Fire Insurance Co.）等的管理要職，當時他才二十七歲。在積累一定資本後，周少岐與友人合股創立香港九龍置業按揭有限公司（Hongkong & Kowloon Loan and Land Co. Ltd.）、元安船務公司（Yuen On Shipping Co.）、兆安船務公司（Shiu On Shipping Co.），以及泰新銀行（Tai Sun Bank），[9] 不但生意門路日廣，個人財富亦隨之大增（*The Hong Kong Daily Press*, 18 July 1925）。

9　相似的名字還包括泰豐銀行及泰益銀號（《華僑日報》，1936 年 1 月 17 日）。

　　到底周少岐投身商界的表現如何，他與友人合夥經營的企業又有何特質？在鄭紫燦編輯的《香港中華商業交通人名指南錄》一書中，可找到一些與他相關的精簡資料，讓我們略窺一二：

> 萬安保險有限公司，地址是皇后大道西 2 號，電話是：98，「總理員」是關方谷、曾維謙、招頌侯、高蘊琴、[10]陳春泉、朱子卿，「司理」則是周少岐。（頁 206）
>
> 全安保火險有限公司，地址是皇后大道西 8 號，電話是：253，「總理人」分別是招雨田、[11]盧佐臣、[12]陳春泉、[13]「司理」是周少岐，「副理」是周卓凡。（頁 202）
>
> 香港九龍置業按揭有限公司，地址為皇后大道西 8 號，電話號碼為 253，「總理」分別有：招雨田、盧佐臣及周卓凡，「司理」則是周少岐。（頁 503）
>
> 元安輪船有限公司，地址是皇后大道西 8 號，電話號碼是：153，「總理員」分別有周卓凡、招畫三、[14]關方谷、招頌侯，「司理」則是周少岐。（頁 200）

---

10 應是來自潮州籍元發行高舜琴（高滿華）家族。

11 招雨田，又名招成林，1868 年以廣茂泰行、和記行股東的身份參與創立南北行公所，並出任該組織的首任主席（陳雨蕃，1954）。1873 年，他以「祥和棧金山行」的身份出任東華醫院主席一職，之後的 1879 年及 1889 年又兩次獲選為該院主席，但填報的身份則是「廣茂泰南北行」（《東華三院百年史略》，1971）。

12 盧佐臣，又名盧紹勳，1868 年以厚豐行股東的身份參與創立南北行公所（陳雨蕃，1954），1884 年則以「儀安號」身份擔任東華醫院主席一職（《東華三院百年史略》，1971）。

13 陳春泉，潮州籍，1868 年以源發行股東（另一股東為高滿華）的身份參與創立南北行公所（《南北行公所成立壹百週年紀念特刊》，1968，頁 23）。

14 又名招錫康，應與招雨田家族有親戚關係，1903 年以「祥和棧金山行」身份出任東華醫院總理，1919 年則以「廣茂泰南北行」身份出任該院首屆總理之職（《東華三院百年史略》，1961）。

泰豐銀行，地址為皇后大道西 6 號，「東主」分別有：招雨田、盧佐臣及周少岐，「司賬」分別是：林少薇、[15] 霍星河，「司交收數員」則分別是：陳達堂、曾晉臣及霍樞垣。（頁 126）

以上資料反映周少岐事業進程中一些不容忽略的特點：一、周少岐從事的生意以航運保險為主，這明顯與他早年在船政署工作有關；二、與他合夥共事的，大多屬當時新崛起的商界精英；三、各生意之間有明顯的股權重疊情況，顯示這個圈子之間的人關係緊密；四、周少岐胞弟和妹夫等在部分公司擔任要職，顯示其家族應是某些企業的掌控人；五、周少岐擔任的職位不少，工作量相當繁重，反映他既有高能力，同時甚獲商業夥伴的信任。

周少岐能在短短十年間冒升甚速，相信除了曾在政府任職，熟悉官場規章文化外，他精通中英文，能與外籍官員直接溝通，這是當時華人商界相當倚重的才能，故每每由他代表公司與政府打交道，逐步成為公司吃重的要員。港英政府每年公佈的「陪審員名錄」（Jurors List），可作為他英語水平甚高，且能得到港英政府信賴的佐證。如在 1899 年，一位名叫 Chau Tseung Fat 的人士，[16] 以「全安保險有限公司秘書」（Secretary, Chun On Fire Insurance Co. Ltd.）的職業（身份）出現在「普通陪審員」（Common Jurors）一欄之內，登記地址為「皇后大道西 2 號」（2 Queen's Road West）。由於周少岐本名周祥發，此人相信即是周少岐。接着的 1900 至 1901 年，

15　周少岐妹夫（周德輝，1926）。

16　古代男性一人多名，周氏第二代亦如此。周少岐除了文輝之名外，又名祥發；周蔭橋除名日輝外，又名祥森；周卓凡又名德輝、祥順；早夭的周祥滿則沒有其他名字。

Chau Tseng Fat 的名字及資料仍同樣出現在「普通陪審員」之內。

　　但到了 1902 年，Chau Tseng Fat 的名字不見了，取而代之的則是 Chau Siu Ki 的名字，並出現在「特殊陪審員」（Special Jurors）名單中。此人的職業同是「全安保險有限公司秘書」，登記地址亦同為「皇后大道西 2 號」，故相信應是周少岐，不過改了名字，而那時他這樣做的最大可能，是剛進入四十歲的「不惑」之年，已有一定社會地位，故以字取代名。接下來 1903 至 1908 年的五年間，周少岐的登記地址或有更動，但名字仍一直出現。

　　要知道，當時可不是任何人都能擔任法庭陪審員，華人能置身其中者更少。其實到了 1858 年，政府才通過法例讓華人擔任陪審員，由於審訊以英語進行，不諳英語者根本不得其門而入，故絕大多數陪審員均為外籍人士（陳弘毅、文基賢、吳海傑，2016）。周少岐能獲選承擔此「公民義務」，可見雖然他只有中學學歷，但英語已達相當高的水平。

　　總結而言，由於個人才能突出，又勤奮肯做，加上父母建立的基礎，周少岐由「打工」到轉為與友人合夥經營航運、保險及銀號生意的過程，一直順風順水，個人及家族的財富與日俱增。目光銳利的周少岐後來又看準物業地產的長遠投資潛力，將大部分積蓄投入其中。隨着香港地產業日漸蓬勃，他持有的物業自然升值不少，身家亦水漲船高。對於周少岐青壯年時期的奮鬥歷程，晚清遺老賴際熙作出的精簡扼要介紹，可以作為一個重要註腳：

　　君（周少岐）少長於香港，聰穎有大志，學中西文於皇仁書院，

年十九畢業，出任船政署記室，八年精心體察……屢營航業，
皆著成效者，由此歷練為多，繼復展其學識，聘其才力舟車之
通濟也，貨幣之流轉也，產業之建置也，財物之保安也，緩急
之質貸也，資用之積儲也，大則助天然製造之力，小則為閒暇
游息之謀，凡可以營為商業裨益民生者，靡不乘時規畫，竭智
振興……航運、銀行、保險、地產等行業均有涉獵……其自為
創設者六七所，代任管者八九所。（賴際熙，1926：沒頁碼）

參 與 政 治 與 服 務 社 會

　　周少岐的家業發展與社會階層往上流動的軌跡，和很多香港
成功人士十分相似，同樣是在事業有成之後一妻多妾，育有子孫成
群，[17] 然後在經營家族生意的同時服務社會，並在這個過程中獲得政
府垂青，委以公職，接着便逐步參與政治，由初級議會開始，一步
一步向上層議會爬升 —— 儘管那時的委任議員只屬政治花瓶，但卻
甚有社會名望和地位。至於他從參與社會服務和政治的過程中積累
的社會與政治資本，不但有助他的事業進一步發展，亦影響了子孫
後代的人生和事業。

　　資料顯示，周少岐參與社會事務始於十九世紀末葉，其中較重

---

17 周少岐元配江氏，生九子一女，只有澤年、熙年、杰年及一女能長大；庶室葉氏生二子
　一女，只有埈年及一女能長大；三庶室高氏，生一子三女，只有一子植年和二女能長大；
　四庶室詹氏，生有一子燦年，早殤（周德輝，1926）。即是說，周少岐有一妻三妾，合
　共生了十三男五女，其中九子有些嬰孩時早夭，有些未及成年早殤，此點實乃早年嬰兒
　夭折率極高的見證，亦可作為早年社會強調多子多孫的說明。

要的，自然是加入了東華醫院（1931 年後與廣華醫院合併，並易名東華三院），成為總理。由於表現突出，廣結善緣，他於 1903 年獲殖民地政府贈以太平紳士名銜。同年，他更獲推舉為東華三院主席，在籌款以至推動救災扶弱方面作出了很大貢獻。1907 年，周少岐更與何啟、韋玉、劉鑄伯、陳啟明及何甘棠等人倡議在九龍創立廣華醫院，擴大東華三院在社會中的服務層面與承擔，當然亦因此努力爭取社會大眾捐獻，為東華三院謀求更好發展。

除向貧苦無依的市民贈醫施藥外，早年東華三院還有另一重要功能，那就是為有需要的居民提供免費殯葬服務，讓不幸去世者得以安息。此外，由於傳統中國人強調安土重遷，離鄉背井的海外華人就算客死千里之外的異鄉，例如新舊金山乃至南美洲等，仍希望「埋骨桑梓」，遺體可以運回家鄉安葬，故自十九世紀起，東華三院已為海外華人提供原籍安葬（Sinn, 2016）。因此，東華三院一直設有義莊，提供地方讓遺體連棺木暫時停放，然後運回原籍安葬。1912 年，政府劃出東華三院義莊前的地段，讓該院可以擴建義莊（葉漢明，2009）。周少岐在 1914 年再獲推舉為東華三院主席，乃率同新一屆董事局成員着手籌款擴建，並將該擴建義莊正名為「新義莊」。

正因推動社會公益不遺餘力，到了 1909 年，時任港督盧押（Frederick Lugard）宣佈委任周少岐進入潔淨局（Sanitary Board，又稱衛生局及市政衛生局，為了便於討論，下文一律稱為市政局），[18] 成為議員。對此，周少岐在接受傳媒訪問時還是按中國民間

---

18 由於不同時代出現不同名稱的問題頗為普遍，為了方便討論，減少混淆，本書一律採取統一稱呼的方式處理，但直接引述的文句或段落中所提及的名稱，則會保留原名。

傳統，在禮節上謙讓一番，以各種理由「力辭」，指自己「恐有負重任」。

> 港督以周君少岐在港多年，凡辦公益事，無不戮力，且深通英國語言文字，才識兼優，實為紳商中之特色者（原文如此，應為「出色者」之誤），故函請其充清淨局（潔淨局之誤，即日後的市政局）議員，以繼馮君華川之任。聞周君以私事紛繁恐有負重任，已覆函力辭云云。（《華字日報》，1909 年 3 月 22 日）

當然，他最終還是「卻之不恭」地接受了委任，當上潔淨局議員。與此同時，政府計劃創立香港大學，需要有影響力人士向華人社會募捐以支持創校，故盧押再委任周少岐為大學籌款委員會董事，希望他和其他董事一同「挨戶勸捐」（《華字日報》，1909 年 3 月 23 日）。為此，周少岐自然「為善不甘後人」，全力以赴。在首次捐款活動上，周少岐與何澤生、劉半樵各捐 1,000 元，周卓凡則與李佑泉、陳啟明、姚鉅源等各捐 500 元（《華字日報》，1909 年 3 月 24 日）。

除了以個人名義捐獻外，周少岐還透過旗下公司捐款支持，如廣茂泰（1,000 元）、全安保險公司（1,000 元）、泰豐銀行（500元）等均出現在捐款名單上。而周少岐亦向朋友及生意夥伴入手，積極募捐，故友好招雨田、招畫三、招頌侯、盧佐臣、陳春泉、曾維謙、高舜琴等都有慷慨解囊、出錢出力（The Hong Kong University Endowment Fund, 1976）。由於周少岐積極投入香港大學的籌款工作，貢獻巨大，所以香港大學創辦後委任他為大學校董會成員，算是對其鼎力支持投桃報李、感恩報答。

除參與東華三院工作、擔任潔淨局議員及港大校董外，周少岐
亦積極為香港華人爭取權益。原來，隨着居港時間增加，部分華人
開始視香港為家，並選擇死後葬於香港，但當時卻無一處適合的永
久性墳場讓他們入土為安。早於 1909 年，劉鑄伯已於潔淨局會議上
提出相關要求，但政府反應並不積極。至 1911 年，周少岐聯同十七
位華人領袖一同上書港府，要求設立華人永遠墳場，明顯受到更大
關注。當時的港督盧押認同建立華人墳場有助凝聚居港華人，亦能
培養他們對殖民政府的感情，故向英國殖民地部建議批准相關請
求。至 1913 年，依他們的建議將香港仔石排灣一幅共 15.04 英畝的
土地闢作華人永久墳場，並交由獨立管理委員管理，當中除三名政
府官員外，其餘都是當時的華人領袖，周少岐亦榜上有名。

對於當年這一重要發展，周德輝（1926：沒頁碼）的記述既說
明了周少岐的貢獻，亦交代了家族購得墳場地皮一事：

> 吾旅港華僑，向無永遠墳場。歲甲寅（1914 年），劉君鑄伯
> 聯合紳商，請港政府撥石排灣之高山為掩骼埋骴之所，而華人
> 始有永遠墳場矣。當墳場之初開闢也，有司理司庫與各值理協
> 力經營，時先兄少岐為司庫，而余亦為值理之一，分子各捐金
> 五百得地一段，吾先母、先兄、先室，以及兄妾姪婦之墓，即
> 開闢墳場時所得地也。

1922 年 5 月，華人定例局（後改為立法局，即今日的立法會）
議員劉鑄伯去世，其議席由伍漢墀補上（Hong Kong Legislative
Council, 1922），但伍氏上任不久亦突然因病去世（1923 年）。
由於當時另一華人代表周壽臣亦因病離港，立法局再無華人代表，

故急需一位華人領袖填補空缺，周少岐即成港督司徒拔（Reginald Stubbs）的心水選擇。一來周少岐在華人社會擁有極高名望，又熱心參與公益服務；二來他在 1921 年曾一度出任立法局非官守議員，算是有從政經驗。[19] 可是，周少岐沒有在議事堂久留，到了 1924 年 8 月，相信在完成該年會期後他便辭任。司徒拔雖一度挽留，但周少岐並不留戀，去意甚堅。此舉與無數華人精英對該席位垂涎欲滴相比，可謂相映成趣。

據司徒拔在立法會上披露，原來早在 1922 年劉鑄伯去世後議席出缺時，他已接觸周少岐，希望他能接替議席，但被周少岐以年老、私務繁多為由婉拒。到了 1923 年，伍漢墀及周壽臣的議席同時懸空，由於華人代表出缺會影響到立法局的認受性及有效運作，司徒拔再找周少岐商議，並終於獲得他首肯相助，但那時周少岐已表示當政府有較適合的人選時他寧可引退。[20] 結果，當周壽臣在 9 月返港，周少岐再次向司徒拔表達去意，司徒拔亦只好尊重，不再挽留（Hong Kong Legislative Council, 1923; *The Hong Kong Government Gazette*, 1923）。[21]

---

19 據立法會資料顯示，周少岐在 1921 年 4 月 28 日至 1921 年 4 月 30 日曾任議員，相信那時只屬臨時替補性質，否則任期不會只有短短三天，而這種安排，實是考驗心目中打算吸納人士的能力，乃殖民地政府用人的其中一個部分。

20 香港開埠至 1923 年近八十年間，能獲委任為立法局議員，可說是華人能夠爭取的最高社會地位。在周少岐之前，只有伍廷芳、黃勝、何啟、韋玉、劉鑄伯、周壽臣及伍漢墀七人獲得這一身份。雖然很多人對此職位趨之若鶩，但周少岐卻並不熱衷，最後甚至選擇引退，可見他的與眾不同。

21 周少岐獲委任為市政局及立法局議員時，其名字便沒出現在陪審員名單上，顯然在擔任重要職位期間，能獲豁免此一公民責任。

周少岐雖不願投身政府，但離開立法會後他仍熱心公益，積極參與東華三院等慈善工作，而且對象已不單是本地貧苦無依的市民，善舉擴展至海外。如在 1924 年，日本發生地震，本港華洋商賈及會館同意向日方施以援手，周少岐乃眾人推舉的華商代表之一，由於事態緊急，他提議將東華三院早前的「施粥賑災餘款」捐往日本，並安排「有欲前赴災區調治災民」的醫生到日本，為救助日本災民出心出力（何佩然，2009a：62-63）。同年，廣東省東江泛濫成災，包括周少岐在內的東華三院董事局，同樣決定出錢出力，扶助內地災民。此外，當廣州因為「人染癲狂病症，在家殊覺不便」，所以需要興建「癲狂醫院」時，周少岐等東華三院董事局成員一呼百應，捐款出力，給予很大支持（何佩然，2009a）。

周少岐不戀棧政治，婉辭立法局高位，但投身社會公益則不甘後人，誠為可貴。如此種種，讓人感受到他那股真心助人，而不是為了政治利益或回報的情懷，此實乃「達則兼善天下」的精神，十分難得。可惜，進入甲子之年的周少岐，選擇政治上的急流勇退，寧可投身公益，多陪家人，享享清福，但卻事與願違。人生中最大的一場劫數已悄然掩至，不但他本人無法避過，家族老少上下亦蒙受巨大災難，令人傷感。

覓得新居卻置於危牆

對香港早期歷史略有認識的人應該知道，香港開埠後即實行華洋分區而治的種族政策，華人主要被規劃在太平山一帶生活。由於那個地段山多平地少，隨着人口不斷增加，樓宇愈見密集，建築物鱗

次櫛比，造成街小巷窄、排污與垃圾清理極不暢順、衛生條件惡劣等問題，導致十九世紀末二十世紀初發生連場瘟疫（Lau, 2004），不少市民死於非命，社會人心惶惶，經濟活動幾度陷於停頓，不但政府運作無法如常，普羅市民日常生活亦大受影響。

為此，港英政府緊急頒佈防疫條例，並採取十分嚴苛的措施。由於病者大多是來自上環太平山街一帶的貧困華人，屋宇建築及醫療衛生部門在深入研究後，認為太平山地區人煙稠密，容易滋生蟲鼠，傳播瘟疫，故強制居民搬走，將房屋全部拆掉，更於 1903 年將太平山市場的周邊地段劃作休閒公園，廣植花草樹木，增加城市綠化。

> 太平山街與普慶坊之間及四方街以東與東華醫院樓宇以東（即磅巷以東）的大片土地，已留作公園用途，讓此區的兒童能在此遊樂，這對人煙稠密的下方住宅區而言極有裨益。（*Report of the Medical Officer of Health, the Sanitary Surveyor, and the Colonial Veterinary Surgeon, for the Year 1903*, 1904: 305）

到了 1904 年 10 月，政府刊登憲報，將該休憩用地命名為 Blake Garden，中文名字原本稱為「卜公園」，後來易名「卜公花園」，藉以紀念剛離任的港督卜力（*The Hong Kong Government Gazette*, 28 October 1904）。不過，那時的普羅市民一般稱之為「太平山公園」，本書一律以「卜公花園」稱之。政府在公園之內種植花草樹木，並添加一些簡單的兒童遊樂設施，在當時實屬極為難得的公共空間及休閑設施，而原來的市場街則易名普慶坊。

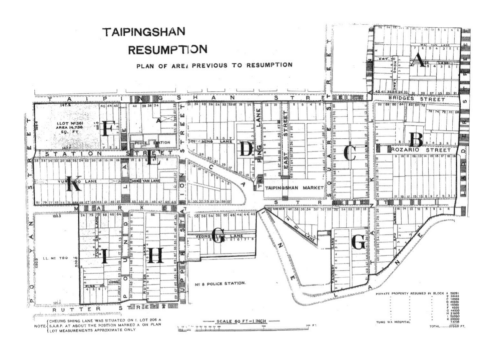

在尚未徵收太平山指定地區之前，樓宇一間接一間櫛比鱗次，極為稠密，難怪十九世紀末常會爆發瘟疫。

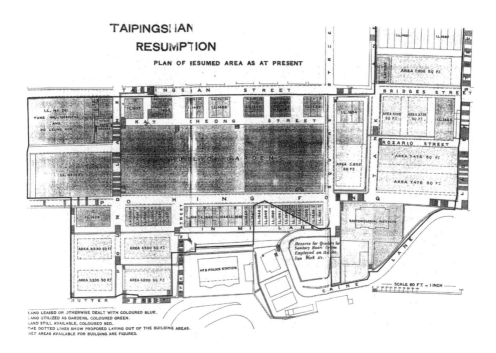

徵收太平山指定地區並開闢為卜公花園後，環境頓然開朗，難怪有報紙形容為「面臨花園，後枕山麓，空氣極新」。其中賢美里東端中間位置，便是周少岐家族大宅所在。

　　正因太平山市場搖身一變成為卜公花園，原來熙來攘往、街道
狹窄的市場地段，突然變得靜中帶旺。而與卜公花園毗鄰的普慶坊
地段，由於位處太平山較高位置，背山面海，加上前臨卜公花園，
鳥語花香，空氣清新，景色宜人，因而成為華人社區的「優質」地
區，吸引不少華人富商及社會精英的垂青。有報紙這樣介紹：

> 甲午之歲（1894 年），港中時疫流行。政府為公安起見，遂將
> 屋宇拆而平之，後有富人在該處重建新居……各屋均青磚石腳，
> 材料堅固，面臨花園，後枕山麓，空氣極新。（《華僑日報》，
> 1925 年 7 月 18 日）

　　周少岐也像不少新崛起的華商精英，對普慶坊趨之若鶩，於是
不惜花費萬金，購入普慶坊 12 號的物業，經一輪裝修後，於 1907
年舉家搬到那裏居住。其生意夥伴如招雨田家族、黃伯臣家族等，
看來亦有志一同，陸續搬進該區，大家成為左鄰右里，有了更好的
照應。該區亦由原來的平民區，搖身一變成為豪宅區，引來無數普
羅民眾的艷羨。

　　遷入普慶坊後，周少岐的身家財富與社會地位仍是與日俱增，
相信他及家人生活應倍感稱心。資料顯示，當時和周少岐在那裏居
住的，計有母親李氏、三妾（葉氏、高氏、詹氏），[22] 以及一眾兒媳及
孫輩，例如兒子周埈年、周澤年、周熙年、周杰年、周植年、周燦
年；媳婦許氏、蘇氏；孫輩周頌球、周炯儀、周淑儀等，基本上是

---

22 周少岐原配江氏，可能在 1905 年前已經去世，因周德輝在 1926 年出版的《石龍周氏
　家譜》中指「長恭人二十年前先卒」，而她又葬於廣州，並非香港仔華人永遠墳場。

四代同堂，乃傳統大家族的典範（見家族世系圖）。看到母親能在子孫繞膝的環境下頤養天年，諸妾及兒孫又生活得熱鬧和樂，作為一家之主的周少岐，無論工作多麼勞苦，相信仍感滿足。

　　至於周少岐被挑選為陪審員及擔任社會服務組織領導的資料，可以說明他遷居後事業及社會地位持續上揚，所以能夠獲得政府及商界繼續招手。在陪審員名單上，自 1908 年起至 1913 年間，他的登記資料並沒有大變，仍為「特殊陪審員」；1914 及 1915 年則一度沒有了他的名字，到 1916 至 1922 年再出現，身份是「全安保險有限公司經理」，地址是皇后大道西 2 及 8 號。另一方面，他於 1912 年出任保良局總理、1916 年獲任命為團防局（District Watch Committee）委員（Morton, 1917）。1923 年，周少岐的名字又再消失，而翌年重現時則是「香港九龍置業按揭有限公司經理」（Manager, Hongkong & Kowloon Land and Loan Co. Ltd.），地址則是皇后大道西 8 號。接着的 1925 年，周少岐的名字仍在，填報的資料亦沒有改變（*The Hong Kong Government Gazette*, various years）。

　　單從近二十年的《陪審員名錄》資料看，如下多項有趣特點或情況值得注意：一、周少岐早年曾經採用「周祥發」（Chau Tseung Fat）的本名，1902 年起則採用周少岐的名字，之後則甚少採用本名了；二、周少岐的社會地位不斷獲得提升，所以其名字初期出現在「普通陪審員」名單上，之後則出現在「特殊陪審員」名單上；三、可能是在 1907 年左右，周少岐搬到了普慶坊 12 號樓房；四、周少岐的生意或事業亦不斷獲得提升，因其登記地址由原來的皇后大道西 2 號增加至 8 號（*The Hong Kong Government Gazette*, various years）。

　　周少岐一家在普慶坊安居近八年後，附近山坡上方的八號差館，因為結構簡單、設施殘舊而需清拆重建，政府在通過連番程序後於 1924 年 11 月刊登憲報，公開為此項大型工程招標（*The Hong Kong Government Gazette*, 7 November 1924）。工務局的年報顯示，該項目最終由一家名為建安公司（Kien On & Company，譯音）的企業以 276,090.40 元的作價投得，相關工程在 1925 年 2 月份動工（*The Hong Kong Government Gazette*, various years）。

　　這種工程本來十分平常，但 1925 年夏天卻碰上連串問題，最後演變成世紀大災難，主要原因是大雨連綿，大罷工又持續，於是那項平常工程為香港及周家帶來出乎預料的大災劫。而一心遠離政治是非，寧可在家享享清福，把多些時間與精力放在家族生意之上的周少岐，顯然亦沒有想到這項工程竟會成為他們一家接近滅門的催命符。

山泥傾瀉與家族災難

　　正如上述，1925 年可說是香港社會的多事之秋。受上海「五卅慘案」的牽引，廣州及香港爆發了前所未見的巨大罷工浪潮，史稱「省港大罷工」。該浪潮不只是罷工，還有罷課、罷市等連串運動，商業活動乃至於日常生活均大受影響，不但存放在碼頭貨倉的貨物沒有工人提取運送，就連街道上的垃圾亦乏人清理，令垃圾堆積，在炎熱的夏天發出濃烈臭味，香港更因此一度被稱為「臭港」（甘

田，1956；蔡洛、盧權，1980；盧權、禠倩紅，1997）。

當大罷工浪潮仍深深困擾香港之時，1925 年 7 月，另一場巨大
災難又旋即爆發，而災難發生的地點，正正是周少岐家居所在的普
慶坊。如前所述，普慶坊上方山坡正進行大型工程，當時舊八號差
館已拆卸，新八號差館的地基工程接近完成之際，香港連續多天下
着滂沱大雨。由於地盤排水系統欠善，工程所在地又屬陡斜山坡位
置，到了 7 月 17 日早上九時左右，在堅道對下賢美里的一幅護土牆
突然倒塌，大量山泥沿着山坡直沖普慶坊，令七幢三層樓高的樓宇[23]
瞬間被沖毀。

受災的七幢樓宇中，12 號為周少岐家族住宅，13、14 及 16 號
為招雨田家族住宅，15 號為黃伯臣家族住宅（《華僑日報》，1925
年 7 月 18 日），另外兩幢相信不是單一家族所有，報章沒有特別提
及。災難發生後，大批消防人員及市民聞訊紛紛趕到現場救援。從
瓦礫中救出周少岐時，他仍有知覺，全心掛念的仍是家人的安危，
故在被送到醫院後，仍向救援人員詢問有否救出所有家人，惟不久
他便因傷重去世。

**……（消防員）旋即在瓦礫中挖出男子一人，其人尚在銅床上
仰臥，頭部為鐵床柱壓住，傷勢極重，遂即命人舁入東華醫院。
後由院內人認出，乃港紳周少岐君。周君到院後，尚能微聲問**

---

23 華文報紙指樓宇有四層樓，但此應是華人習慣將地面一層（Ground floor）稱為一樓的不
　同理解。其次，另一說法是受影響的樓字只有六幢，此說法是因為其中（14 號及 16 號）
　一幢屬於相連的樓字，有報紙視之為兩幢樓字。

人曰：「家人已盡救出否？」旋即暝然長逝。（《華僑日報》，
1925 年 7 月 18 日）

同時被救出的還有周埈年，他一度昏迷不醒，但傷勢不重，沒
有生命危險。《華僑日報》這樣報道：「（周埈年）被瓦礫堆壓，後
由救傷隊及苦力等盡力發掘始見之，乃以佛蘭地酒灌救。故猶能匍
匐而出，即由眾人用帆布床載入東華醫院調治，查係額部受傷，故
得生存」（《華僑日報》，1925 年 7 月 18 日）。而周埈年在被救出之
後，曾接受記者訪問，他當時這樣說：

余今並無痛苦處，頭面之五處傷痕，乃拖出時擦傷耳。當時余
與內人同居於二樓房中，各自一床而睡，當聞倒塌之聲時，尚
在夢中。（《華僑日報》，1925 年 7 月 18 日）

周埈年又表示在樓宇倒塌的剎那間，他從床上掉到地板後，滾
進了枱底，大量泥土及雜物倒下時，剛好有枱面擋着，不至於被沙
泥雜物直接擊中身體要害，乃死裏逃生。而較其他家人「好彩」（幸
運）的是周澤年，[24] 他因一早外出吃早餐，不在家中，因而幸免於難。

周澤年和周埈年雖逃過一劫，多位家人卻沒有逃出鬼門關。遇
難的周氏家族成員包括周少岐（六十二歲）、周少岐母親（李氏，
八十三歲）、周少岐兩名妾侍（高氏三十八歲、詹氏三十五歲）、周
少岐兩名兒子（周杰年二十八歲、周燦年八歲）、周澤年妻（許氏，
三十二歲）、周埈年妻（蘇氏，二十八歲），以及周少岐兩名女孫（周

---

24 周少岐另一兒子周植年（1907 年生），相信當時身在天津，因此亦避過一劫。

《德臣西報》有關 1925 年普慶坊山泥傾瀉的報道

炯儀三歲、周淑儀一歲）和一名未滿周歲（七個月大）的男孫（周頌球，周埈年長子）等，合共十一人（*The China Mail*, 17-31 July 1925; *The Hong Kong Daily Press*, 17-31 July 1925），家傭及僕人（陳瑞、梁群、劉鳳、韓英、梁五、趙順）等並沒計算在內。至於住在周少岐隔鄰的生意夥伴——招雨田家族（招湘生、招廣鐸、招玩玉）和黃伯臣家族（黃鑑、黃子順、黃盛洪、黃希三）——亦有多人罹難。

這個噩耗傳來，不但周氏親屬如周卓凡等立即趕到現場，政府人員及不少周少岐生前友好，例如立法局華人代表羅旭龢、周壽臣，以及其他華人紳士如李保葵、李佑泉、葉蘭泉等，亦陸續趕往該處慰問及了解情況（《華僑日報》，1925 年 7 月 18 日）。雖然大批救災人員已日以繼夜地挖掘，爭取在「拯救黃金時期」救出被困的人，惜救出者大多已回天乏術。

到底這場巨大災難造成多少人死傷，又有多少人受波及？不同報紙在不同時期的報道頗有出入，有些指死者有七十一人，有些指達七十七人，有些則指多達八十六人（*The China Mail*, 17 July to 6 September 1925; *The Hong Kong Daily Press*, 24 & 29 July 1925）。日後資料證實，在災區找到的屍體共有七十二具（七十一具為華人，一具為印度人），傷者有二十五人，其中三人送院搶救無效去世。即是說，災難中的死者總數應為七十五人，傷者則有二十二人（*The Hong Kong Daily Press*, 5 September 1925）。另外，有約三十個家庭近二百人無家可歸。這次嚴重的災難，是香港開埠以來最致命的一次，若以單一山泥傾瀉事件計算，其死亡人數最多，故被報紙形容為「誠香港空前未有之塌屋慘史也」（《華僑日報》，

1925 年 7 月 18 日）。

　　災難翌日（7 月 18 日），適逢立法局召開會議，非官守議員賀理玉（P.H. Holyoak）率先就災難發表感受，指他本人與周少岐相識達二十三年，[25] 對他的不幸遇難深表難過，指周少岐是「一位對殖民地政府極為忠心的支持者」（an extremely loyal supporter of the Government of this Colony）。[26] 華人代表羅旭龢則表示，周少岐是一位深受敬重的華人社會賢達，他與周壽臣均深感傷痛，並向周少岐家人表示悼念。為了表示對周少岐等遇難者的哀悼，全體議員站立默哀（The Hong Kong Legislative Council, 18 July 1925: 53-54）。

　　一個星期後的 7 月 25 日，極度傷悲的周氏家族親屬，先為周少岐兩名妾侍（高氏及詹氏）、周少岐兩名兒子（周杰年及周燦年）、周澤年妻（許氏）及周埈年妻（蘇氏）共六人舉喪，到場致祭的親屬及中外人士不少，場面令人傷感（*The Hong Kong Daily Press*, 27 July 1925）。

　　接着的 7 月 27 日，家族為周少岐母親李氏發喪，親屬中除周錫年身在英國深造，以及周堃年身在天津而未能出席外，其他子孫及親友均有出席，包括受傷未癒的周埈年。至於中外人士到場致祭鞠躬者，據說多達五百人，場面擠擁，且同樣傷悲（*The Hong Kong Daily Press*, 28 July 1925）。

25　推算應該在 1902 年，那時的周少岐剛屆不惑之年，在努力私務之餘開始參與社會公益，因而與不少華洋社會賢達如何啟、劉鑄伯及何福等人建立關係。

26　此點很值得注意，在日後不少政府文件上，每當介紹周埈年時，殖民地政府官員往往會以「已故周少岐兒子」稱之，進一步說明周少岐的名聲有助周埈年獲得港府器重。

　　三天後的 7 月 30 日，家族才為周少岐舉喪。儀式上，港督司徒拔、輔政司施勳（Claud Severn）、立法局議員蒲樂（Henry Pollock）與賀理玉、華人立法局議員周壽臣與羅旭龢，以及不少華洋賢達如何甘棠、曹善允、李佑泉、羅輯臣、郭少鎏、羅文錦等都有出席。其他到場送殯者還包括少岐義學的師生、東莞鄉親、東華三院代表、保良局代表等等，總人數達一千五百之眾，因此有報紙指那場喪禮「乃香港開埠以來最多人出席的喪禮」（*The China Mail*, 31 July 1925），此點可視作周少岐生前樂善好施、廣結善緣的註腳。

　　周家多名年幼遇難者，如周少岐兩名女孫及一名只有七個月大的男孫，則按中國傳統只舉行簡單儀式，沒有公開發喪。周少岐等人全部下葬在香港仔華人永遠墳場中一處專闢為安葬周氏家人的位置——因為正如前文提及，周少岐當年牽頭創立香港仔華人永遠墳場時，特別花五百元購入一塊面積不小的土地，闢作家族墓園之故（周德輝，1926）。

　　說來有點玄，災難發生前三個月，周少岐剛訂立遺囑，就名下財產作出安排，而遺產執行人分別是胞弟周卓凡及兩名兒子（周澤年及周杰年）。到完成周家所有人的後事，並點算遺產後，遺產執行人按周少岐生前意願分配遺產。據報章披露，周少岐遺留下的遺產總值約 545,200 元，按他生前的指示，基本上採取諸子均分原則，不過每名未成年兒子可額外多獲 7,000 元遺贈。另外，撥出每月 25 元至 100 元不等的生活費，供養妾侍及所有未成年子女。對於未出閣的女兒，則每人給予 10,000 元遺贈作為嫁妝（*The China Mail*, 18 February 1926）。

儘管這場巨大災難給家族帶來幾乎沒頂的打擊，坊間難免會有「遭到天譴」的流傳，家族內部亦難免會彌漫一種悲觀失落的宿命情緒，不少人或者會預期此家族或這一房可能因此沒落。但是，這一房卻沒如一般人預期般從此一蹶不振，反而日後仍能發揚光大、更上層樓、子孫繁衍。華人家族的韌力與強大生命力，實在不容小覷。

死因聆訊與追究責任

拯救活動仍在進行之時，港英政府意識到事件的嚴重性，乃於7月24日宣佈成立死因法庭，就引致這次巨大人命傷亡的事件進行深入調查和聆訊。死因法庭要了解的，不只是近八十個無辜市民失去寶貴生命的問題，更要找出到底是甚麼原因導致這場災難，當時在防災與救災上有否犯上錯誤等。由於此次災難乃香港開埠以來最嚴重的山泥傾瀉事故，對這個眾山環抱、不少建築物位於山上的城市而言極具教訓意義，亦影響了日後香港的城市規劃及建設方向、樓宇建設安全標準，以及山坡維修保養等監察機制等，我們實在有需要深入了解問題的來龍去脈及原因所在。

負責主持這次死因聆訊的法官為麥格德理（S . B . B . McElderry），陪審團成員分別有何甘棠（何東胞弟）、席柏（J.O. Shepperd）及雅瑟（T. Arthur），代表死者家屬的律師為程堅（F.C. Jenkin）。聆訊期間，法庭除了傳召災難目擊者、傷者及救災者作供，還有不少政府相關部門的負責人及工程師親臨法庭提供資料，法庭及陪審團成員更多次親赴災難現場考察，了解環境。案件由召開到審結，費時接近兩個月才完成。

聆訊先聽取住在堅道警察宿舍而目擊事件的警員 Sergt.
Chesterwoods 的證供。他在法庭上指出，災難發生前，堅道路面的
積水已達二至三吋厚，大量雨水像瀑布般沖向山坡下沿的普慶坊。
另一警員 Sergt. E. Carpenter 則提到，他看到大量山水由西摩道與堅
道的交界處不斷湧出，那兒的積水估計深達三呎。當他想看清山水
從何而來時，他聽到塌樓的巨響，並看到普慶坊的多幢樓宇先後倒
下（The Hong Kong Daily Press, 25 July 1925）。兩者的說法，與
災難發生當日報紙報道「因政府將八號差館拆卸重建，其地盤空虛，
水沖山泥，有如萬馬奔騰，山水盡向石壆衝來，其水非常兇猛，石
壆倒後向前直衝，而普慶坊之樓宇七間，遂有池魚之波及……磚瓦
且傾入卜公園中」基本吻合（《華僑日報》，1925 年 7 月 18 日）。

除了目擊事件的警員，法庭又傳召了負責街道垃圾與溝渠清
理的衛生署（Sanitary Department）人員作證，一位名叫屈臣（J.
Watson）的該局代表指出，受大罷工行動的影響，沒有工人清理街
道垃圾，不少排水渠及喉管均出現堵塞問題，此點相信影響了排水
能力，令大量雨水溢出路面，沖向山坡下方的普慶坊。另一方面，
工務局的執行工程師狄高（A.W. Tickle）在分析過災區泥土及碎石
後指出，樓宇的崩塌看來是由上而下的壓力所致，但亦有可能是護
土牆基礎鬆脫，或是兩者同時引致的結果。

在災難中逃過一劫的倖存者黃伯臣亦有到法庭作證，他提到，
平時已發現護土牆底部常有山水流出，而且並非全部來自護土牆
的排水孔，連護土牆底部亦常有山水溢出（The Hong Kong Daily
Press, 28 July 1925）。黃氏的證供直接指出，山坡長期積水，結構
欠妥欠穩的情況應該存在已久。

　　代表死者家屬的大律師曾針對新舊八號差館工程提出質詢，認為那項工程乃導致災難的原兇。但工務局長作證時指出，政府在拆卸舊八號差館並興建新八號差館前，已於 1923 年 12 月對地盤做過檢查，認為其中一幅護土牆（一號護土牆）地基穩健，沒有問題，所以當時作出了「沒有維修或重建護土牆需要」的決定（*The Hong Kong Daily Press*, 29 July 1925）。

　　當工務局長被進一步問到新八號差館的選址是否適合時，他強調「選址並沒不妥」，而當被追問護土牆上已有不少裂紋時，他則指那些是舊裂紋，並堅持立場，指該護土牆不會有危險。接着，當工務局長再被質問有否考慮進行重建時，他則表示若要重建，不能只集中於一號護土牆，其長度應延伸至賢美里，高度則須達七十英呎，即是重建面積牽連甚廣，並指這樣重修山坡的工程，需要增加的開支實在不少，所以會毫不掩飾地說：「那是十分昂貴的工程，實在沒有必要」（*The Hong Kong Daily Press*, 29 July 1925）。

　　此外，法庭還尋求獨立專家的意見，其中一位工程專家推斷，大雨與樓宇倒塌關係密切，因為護土牆上方的積水及沙泥，令山坡的壓力增大，而地基受雨水浸淫日久，岩層因礦物分解而變得鬆軟。當被問到護土牆是否應該重建時，他表示應該，並指出原來的排水孔其實並不充足，所以護土牆底部常有山水流出，亦即長期積水。另一位專家證人亦指出，已有二十八年歷史的一號護土牆，實在應該重建，他甚至表示，若果是他負責八號差館的工程，必然會想到強化護土牆的問題，並將重建列作首要考慮（*The Hong Kong Daily Press*, 3 September 1925; *The Hong Kong Telegraph*, 3 September 1925）。

聆訊過程還揭露，新八號差館在 6 月底開始向牆坑灌混凝土，到發生事故之時，已灌注的混凝土達到距離地面九至十八英吋的水平。還有，無論是拆卸工程，或是興建新差館的建築工程，相關承建商均沒將地盤圍起來，亦沒採取預防措施。至於天文台提供的資料則顯示，悲劇發生前兩天，降雨量很大，但悲劇發生當日的雨勢反而並不很大，因而認為當天的大雨，並非導致災難的主要原因，但卻沒有排除早前降雨的影響。

經過接近兩個月的連續聆訊，到了 9 月初，案件到了結束階段。法官在結案時指導陪審團作出裁決，他表示，若果陪審員認為死者是死於刑事或人為疏忽，可以裁定「死於誤殺」，若認為沒有任何人需為事件負責，則可以裁定「死於不幸」。在聽取陪審團的決定前，法官再就事件的來龍去脈作出綜合分析，並認為導致災難的「原兇」，是賢美里南端旁邊的一號護土牆的突然倒塌，所以指示陪審團應沿該方向作出思考和判斷。

陪審團認為，一號護土牆的原初設計，已出現與民居距離太近，安全不足，以及護土牆的排水孔不夠的兩大致命缺陷，暗示災難的發生只屬時間問題而已。由是之故，法官指出，1923 年檢查一號護土牆時，政府部門認為該牆沒有大問題，到興建新八號差館前，工程部門雖然曾經作過檢查，但仍選擇既不重建該護土牆，又不採取強化措施鞏固護土牆，決定及舉動屬於「錯誤判斷」（error of judgment）。

雖則如此，陪審團卻認為八號差館的工程，只屬導致悲劇的眾多因素之一，並非主因。一號護土牆年代已久，並且長期積水，令

整座護土牆由底至頂已經鬆軟，甚至有可能已經出現礦物分解的岩石鬆脫問題，則屬導致那場災難的核心。最後，陪審團對死因作出一致裁決，認為死難者是「死於不幸」（*The Hong Kong Telegraph*, 3 September 1925）。這一裁決，亦間接指出死難者家屬無法向政府或相關機構作出賠償追討。

雖然陪審團對七十多位無辜民眾死於非命一事作出了「死於不幸」的裁決，港英政府因此可以逃過責任，但他們同時認為災難給無數普羅市民的生命財產帶來警示作用，影響深遠，因為香港這個海島城市的很多建築物與民居都位處山坡地帶，所以陪審團向法庭提出兩點重要建議：一、盡快檢查全港相同類型的護土牆，尤其要注意排水孔的問題，避免悲劇再次發生；二、成立專家調查委員會（Commission of Experts），找出問題及責任，並監督新舊道路、山坡、樓宇等的安全性（*The Hong Kong Telegraph*, 3 September 1925）。

陪審團的建議，影響了日後有關護土牆、山坡及道路建築的安全措施，惟因這個方向並非本文焦點，所以略過不表。反而案件審結後普慶坊一帶到底有何發展，其善後政策又如何等，則與本文有較大關係，我們因此應該作出一些補充與交代，這樣更有助了解該區的一些轉變和發展轉折。

受災難影響，政府於 1926 年底宣佈以 100,000 元購回災區地段（*The China Mail*, 7 December 1926），並將之納入原來的卜公花園之中，擴充該花園的面積，令繁忙都市中的休憩空間擴大了。然而，由於傾塌的山泥實在太多，當時的技術又不如今天發達，卜公

花園內的山泥及房屋瓦礫,要到 1930 年才能清理完成,可見當時山泥傾瀉面積之大。

另一方面,原本計劃興建新八號差館的地皮亦有更動。一個由港督委任、專責調查香港休閑設施的委員會建議,將部分八號差館的地皮併入卜公花園,並用於擴建籃球場、排球場等設施,讓居住環境擠迫的市民能享受更多及更舒適的休憩空間。而餘下地皮,則闢作日後的中西區聖安多尼學校及英皇書院同學會羅宗淦紀念學校校址。還有,原來用於分隔新八號差館與普慶坊的賢美里護土牆則被清拆,所以現時的聖安多尼學校與英皇書院同學會學校,已沒有高高的護土牆將之分隔開了(*Report of the Playing Fields Committee*, 1930)。

一場巨大災難之後,周少岐家族搬離該「傷心地」,不少世家大族亦對該區「談虎色變」,寧可敬而遠之;全港不少市民亦對在山坡下的居所的安全性十分關注與警惕,生怕發生同類悲劇。殖民地政府在市民大眾的壓力下自然亦不敢掉以輕心,基本上接納了死因庭的建議,一方面提升了建築標準,另一方面加強對大小山坡排水及結構的檢查勘探,遇有不及格或未如要求者會嚴厲打擊,要求作出鞏固與改善。可以這樣說,吸取了那七十多名無辜市民生命的沉重教訓後,香港整體社會對山坡的危機意識大為提高,建築標準大幅提升,連帶建築技術與相關服務等亦有不少突破。

周卓凡人生事業的殊途同歸

　　周少岐人生事業上不斷取得突破之時，自小被父母安排「從事中學」的周卓凡（周德輝），由於學業背景截然不同，人生事業的發展亦頗有另一番風景。在某些層面上能與乃兄達至互補不足與多元發展，顯示家族一心希望在發展方向上樹立另一面旗幟。

　　從資料上看，父母明顯寄望「從事中學」的周卓凡能踏上科舉應試、金榜題名的傳統發展道路。曾與家族有深入交往的晚清廣東著名改革派學者陳廷泰，[27] 對周卓凡有如下介紹：

> 卓凡少時，好國學、能文章，數應童子試，不售；一應京兆試，又不售。退而置身商界，從事於所謂銀業、航業及保險事業者，生財之成績亦大有可觀。（陳廷泰，1926：沒頁碼）

　　以上短短不足五十字，勾勒了周卓凡的科舉之路。初時他一心想着科舉應試，[28] 祈望金榜高中、揚名天下；可惜，科舉之路並不容易，充滿波折，無論鄉試、縣試均名落孫山，未能如父母之願。由

27　進入二十世紀的 1903 年間，陳廷泰曾被聘為周埈年、周澤年、周炳垣、周昌年等周氏家族第三代的國學老師，此點既折射了家族對中國文字與文化的重視，亦顯示當時家族很可能仍計劃培養下一代應舉，考取功名。

28　不可不知的特點是，因為一心要考取科舉，而科舉則以區域劃分，所以他們必須以家鄉的「籍貫」（身份）應考，這便解釋了家族為何一直與家鄉桑梓保持着緊密關係的問題，反而香港則被視作是「寄居」或「旅居」之地。也即是說，在高舉功名科舉的年代，那怕周少岐、周卓凡，甚至是周埈年等雖生於香港，仍「心繫桑梓」。自科舉取消，考取功名之路不再後，周氏後代與家鄉桑梓的關係，亦逐漸有了巨大變化，詳見俟後各章探討。

於仕途不順，相信他在苦讀之餘，亦開始參與家族生意，和胞兄周少岐與周蔭橋一起，從事銀行、航運與保險事業，實行「兩條腿走路」。幸好他決定兩邊押注，因為到了 1905 年，滿清朝廷取消科舉制度，令無數一心寄望藉科舉建功名的讀書人頓失出路，而周卓凡雖感失望，但他仍可以在商界繼續發展。

由於國學及家財根底深厚，周卓凡結交了不少滿清文人與遺老，在當時的華人社會亦享有名望，並與周少岐一樣成為不少重要社會或慈善組織招手的對象，周卓凡亦當仁不讓，在經營家族生意的同時，出任公職，服務社會。舉例說，他在進入而立之年時（1904年），獲推舉為東華醫院總理（*Annual Report*, 1907: C5），之後一直在東華三院董事局中為該組織出謀獻策、出錢出力。

值得指出的是，周氏家族對早期東華三院的發展可謂貢獻良多。除前文提及周少岐曾兩度出任東華三院主席，又曾牽頭創立廣華醫院，並從政府手中爭取到地皮擴建義莊外，周卓凡和其他子侄 —— 例如周埈年、周堃年、周錫年等 —— 同樣為東華三院的發展出資出力。不但如此，周氏家族更曾帶領其掌控的家族企業 —— 例如元安船務航運與兆安船務航運等 —— 支持東華三院的慈善事業。

正如第一章中曾經提及，大量華南鄉民在十九世紀中至二十世紀初飄洋出海謀生，他們年老時都希望能落葉歸根，但當中不少貧病窮苦的移民，年老或染病時沒有盤川返鄉，而東華三院一直是香港及海外華人尋求協助的最主要慈善機構。每當碰到重大災情或事故，急需協助者眾，東華三院便會尋求院內總理支援，而周氏家族便是其中一個東華三院經常求助的目標。一封由該院管理層向周氏

家族發出的感謝函，便可證明周氏家族的熱心及慷慨。事件發生在二十世紀初，估計剛發生了一場重大災難，大批華人難民及病人急需返回原居地，東華三院管理層向周家尋求協助，並獲迅速回應。其內容引述如下：

> 元（安）、兆安輪船公司，卓凡、峻年善長……昨由敝院主席鄧肇堅君面謁台端，談及敝院遣發醫愈病人及難民回籍，荷蒙俯允，搭由貴公司輪船大艙晉省，嗣後概免收水腳費用。具見閣下……熱心公益，見義勇為，董（事）等不勝銘感……（何佩然，2009a：370）

除了東華三院和一些同鄉會與宗親會組織，周卓凡還有參與保良局的工作。保良局是當時華人社會中除東華三院外最重要的慈善組織，早年的主要工作是防止誘拐，保護無依婦孺。在 1909 年，周卓凡獲選為保良局總理，並在 1914 至 1915 年間擔任保良局主席一職。期間，周卓凡積極協助保良局籌款，幫助該局擴充服務，作出不少貢獻。

當然，由於周卓凡「從事中學」，英文能力及西學基礎不如其兄，所以那怕他在社會服務上頗有貢獻，亦有一定知名度，卻因未能如周少岐般可與洋人談笑風生，令他沒法獲港英政府垂青，或是委任他進入類似市政局或立法局的重要政治組織之中。

周少岐於 1925 年的巨大災難中去世後，周卓凡躍升為家族中的族長——雖然胞兄周蔭橋年紀較長，但他為人低調，與他相關的記錄甚少，加上他於 1929 年左右去世，故在 1925 年時估計他的身體

狀況未必太理想。[29] 成為家族領軍人的周卓凡，除帶領家族在商界及公益事業繼續前進外，亦發動家人進行一場在香港十分罕見的重大行動 —— 編修家史，希望能溯本尋源、慎終追遠，讓子孫後代（甚至整體社會）可以從中了解其祖宗先輩曾經走過的曲折道路。陳廷泰對於周卓凡牽頭發起的那次撰修家史行動，提出了「（周卓凡）富於木本水源之觀念，深明尊祖敬宗之大義」的觀察與評論，並認為他主持編修族譜的目的在於「以貽來者」（陳廷泰，1926：沒頁碼）。至於周卓凡本人對當時倡議修輯族譜的行動，則有如下的思考和目的：

> （德輝）未能繼志述事，回憶少年時代常隨先考旋鄉省親、先人廬墓。曾舉列祖列宗之木主一洗而新之，繼而啟視後方，手鈔其世系及生卒年月日時間，有字跡磨滅不能認識者，姑付闕如。又嘗從族中父老，詳詢先世遺事，筆之於書，並蒐集各家舊譜，鈔錄數通，藏之於篋……國之有史可以考君臣之勳績，家之有譜可以知祖宗之源流。（周德輝，1926：沒頁碼）

在中國歷史上，由於重視家族源流而編修家族歷史或族譜的行動，古已有之，士大夫階層尤其普遍。但香港屬英國殖民地，一來高舉西方價值，貶視中國文化；二來又總是金錢掛帥，漠視一些不能「賺錢」的工作。願意花時間、耗精力與資源修輯家族史者，實在

---

29 從周蔭橋墓碑樹立於「民國十八年」的資料看，他應該於 1929 年左右去世（即享壽約六十三歲），這說明為何周少岐去世後周卓凡反而成為家族中輩分最高和最有地位者。據《石龍周氏家譜》記載，周蔭橋娶元配梁氏，生了五子一女，只有二子（盤根、炳垣）及一女能長大，其中盤根過繼四弟周祥滿，惟盤根日後亦未及成年而殤。周蔭橋亦納有三名妾侍（陳氏、葉氏、黃氏），但均無所出（周德輝，1926）。

是鳳毛麟角、極為罕見。周卓凡那時有毅力和決心倡議修輯家族史，又能獲得家族上下支持與配合，實在極為難得。這一構思最終能夠落實，既反映周卓凡深受中華文化薰陶的一面，亦盛載了家族對 1925 年災難的深刻反思：生死無常，更要用心珍惜家人。當時的世家大族少有能符合這些條件的，所以沒有太多家族會編修家族歷史。

對於這項重大文字工程，除了帶頭的周卓凡和周蔭橋，不少家族子孫如周炳垣、周昌年、周埈年等亦參與其中，各展所長、各有貢獻。而透過修輯家史，家族上下自然就祖宗先輩曾經走過一條怎樣的曲折道路，做了大量搜集資料工作，包括花時間返回家鄉 —— 周屋圍和石龍鎮 —— 進行田野調查，實地考察祖屋、宗祠、家族山墳等，最終在 1926 年成功完成了《石龍周氏家譜》。

在不少人心目中，出版或編撰家史的工作，並不會帶來實效利益。但事實是我們不能低估它的無形作用 —— 有助凝聚家族子孫。

《石龍周氏家譜》封面及內頁題詞

一個不爭的事實是，透過家族上下參與、全方位了解家族源頭與祖先足跡的過程中，家族後人更能體會到先輩的篳路藍縷，明白家業興旺的得來不易，因此可以提升家族的凝聚力，尤其可強化對家族的認同感，從而產生一家休戚與共的情懷。有關這點，曾參與其事的周埈年領略到編修家譜所帶來的裨益，有如下親身感受：

> 埈年生長於香港，去父母之邦三十年矣。雖髫齡時曾一度旋里，不久又別去，對祖宗之世系事跡，與故鄉之祠堂墳墓，皆一無所知，撫衷自問，良用歉然。（周埈年，1926：沒頁碼）

從某個角度來說，受到 1925 年那場巨大災難的衝擊，家族有尋根編修家譜的迫切需要，藉以紓解內部的困惑鬱結。正因該行動有助提升凝聚力、增強認同感，這個家族在接着的三十至五十年代間，當碰到不少發展障礙時 —— 例如日軍侵港、戰後蕭條等，都能彼此扶持，然後同心一德地全力向外開拓。編修家族史的重要性，實在不容小覷。

還有一點需要補充的是，周卓凡自幼浸淫於國學之中，深受考取功名以光宗耀祖的觀念影響，不但思想與行為十分傳統，閒時喜歡舞文弄墨，亦十分重視子孫後代的教育，當然也較重視他們的中文基礎。他尤其強調「家無讀書子，功名何處來」的哲學，時刻不忘訓導子孫「勤有功，戲無益」，要求他們多讀書。這種重視子孫教育的思想，令其後代有了甚為突出的成就，此點又成為周卓凡一脈日後仍能維持社會名聲與地位的其中一個重要支持。

三四十年代，年事已高的周卓凡退居幕後，其子侄 —— 尤其周

周卓凡與諸子周錫年、周耀年、周煥年等合照

七十年代末難得一見的社交合照，周啟賢雖在照片正中位置，卻站在最後且不起眼；香港回歸後擔任特首的董建華及其夫人，那時正值壯年並站到了前方，時任財政司彭禮治站在董建華夫人側。這樣的情景，彷彿預見了某些發展，今日看來分外引人猜想。

埃年、周耀年及周錫年 —— 則已在社會上各領風騷。日軍侵港時，他已年屆七十，加上並非政治人物，所以能夠逃過被日軍迫害或利用的困境，儘管日治時期的生活與處境亦十分惡劣，但最終還是捱了過去。到了 1954 年 3 月 25 日，周卓凡於興漢道 1 號的大宅內安祥去世，享年八十二歲，周氏家族第二代於此落幕。

周卓凡去世後，子孫以周永德堂名義發出訃聞，並在訃聞中列出他八子十五孫的資料。其八子為：昌年、耀年、錫年、堃年、釗年、煥年、鴻年、億年；十五孫則為：啟芳、啟鏗、啟鍇、啟聰、啟賢、啟煊、啟猷、啟謙、啟忠、啟邦、啟標、啟綸、啟煆、啟康、啟瀛。按傳統，女兒及女孫的名字則未有列出（《工商日報》，1954 年 3 月 29 日）。

由於家族在社會上享有地位，子侄周埃年、周錫年等人又風雲一時，加上周卓凡本人在社會上亦頗有美名，其去世的消息引來不少人的注視。大約一個星期後，家人為周卓凡舉喪，送上花牌或親臨致祭的著名人物眾多，政府官員如港督葛量洪、布政司柏立基（不久出任港督）、財政司岐樂嘉、教育司毛勤、華民政務司（即現在的民政事務局）杜德等均親臨致哀，而當時的華商領袖及華人賢達，如周壽臣、何東、羅文錦、顏成坤、郭贊、高卓雄等亦到場悼念，可見他與其兄周少岐一樣，其生也榮，其死也哀（《工商日報》，1954 年 3 月 29 日）。

周卓凡去世時的訃聞

興漢道大宅拆卸後重建為住宅大廈，並命名為「濂溪別業」，以紀念北宋時期先祖周濂溪。

　　周卓凡在生前（1947 年）早已訂立了遺囑，並以妾侍艾氏 [30] 及兩名兒子周昌年和周錫年為執行人，但周昌年於 1949 年已過世，所以改由周昌年太太接任。周卓凡同樣以諸子均分為原則，亦有少量錢財遺贈分予諸女兒（Probate Jurisdiction, No. 297 of 1956, 1956）。不過，除物業外，他名下的財產其實不多，約有 12 萬左右（《工商日報》，1956 年 9 月 30 日），顯示他個人在生意投資方面的財產積累，明顯不及周少岐。

　　在重視血脈的中國文化，由於永恆不朽的觀念植根於血脈之上，所以強調多子多福，而多子多孫則幾乎成為確保血脈延續不斷的不二法門。可以想像，若非周永泰夫婦育有多子，其子亦生有多孫，當家族面對年幼成員早夭或巨大天災，隨時會無以為繼、頃刻覆亡。周氏家族在周少岐去世後，周卓凡與周埈年等相繼走上歷史舞台的前台，既展示了傳統「兄終弟及，父死子繼」的色彩，又揭示多子多孫在延續血脈方面的重要性實在不容低估。

結語

　　與父母輩不同，香港出生的周少岐昆仲一代，由於出生於香港，在此地生活、成長並接受教育，所以已有了扎根香港的抉擇，

---

30 綜合《石龍周氏家譜》及《石龍周氏家譜續編》記載，周卓凡元配梁氏，生了五子（昌年、耀年、錫年、堃年、煥年）三女（長女名字不詳、次女宴瓊、三女佩瓊）；庶室梁氏，生二子（釗年、鴻年）一女（琬瓊）、三庶室艾氏，生一子（億年）二女（琇瓊、潤瓊，前者早殤）。即是周卓凡共育有八子六女，子女數目不少（周德輝，1926；周植年，1989）。

這與父母一代總會牽掛家鄉桑梓，想到落葉歸根的心態不同，所以便對這塊土地有了更多長遠發展的打算和綢繆。至於他們無論是政治與社會參與 —— 例如擔任立法局議員，出任東華三院與保良局領導職位，甚至爭取開闢華人永遠墳場等，均流露了生於斯、長於斯，願為斯地作出更多貢獻的特殊情懷。

任何家族與企業的發展道路，都很難順風順水、沒有驚濤駭浪。所謂「大難興邦」，家族亦如是，大難興家。災難雖奪去無辜者的生命，令人傷悲，陷於困頓，但卻嚇不倒無數家族與個人為了生存與發揚光大的鬥志和拼搏心。事實亦是如此。遭逢 1925 年巨大災劫的周少岐一脈，雖然幾乎遭到沒頂，但卻能走出陰霾，倖存者日後尤其能夠再創輝煌，令家族名聲更響。至於在這個過程中展示出家族強韌和巨大的生命力，實在又令不少人嘖嘖稱奇、讚嘆不已。

第四章　顯赫世代：

周埈年與周錫年

引言

　　所謂「大難興邦」，家族亦如是。遭到巨大災難打擊的周氏家族，並沒如社會一般預期般走向衰亡，從此一蹶不振，兩世而斬。恰恰相反，倖存者不但沒因此被嚇倒，消磨其發展意志和動力，反而激發了那股更要生存下去，甚至要光宗耀祖、蔭護子孫的使命感和奮鬥心，促使他們更加義無反顧、全力以赴地不斷努力。至於對周氏家族而言，能夠帶領家族中興，而非讓其掉進「富不過三代」泥沼的，正是屬於第三代人的周埈年、周錫年、周耀年和周煥年等人。

　　當然，家族要走出災難困境並不容易，災難亦非發生一次後便永不再來。事實上，周氏第三代走向中興的路途亦殊不容易，其中的日軍侵華、香港淪陷，到抗戰勝利，香港重光不久，中華大地又再陷內戰等等，便是一些深刻影響家族中興的外圍因素，周氏第三代人必須在那個暗湧處處的社會變局中小心翼翼地作出應對，才能一步一腳印地走向中興，取得更顯赫輝煌的成績。

周 埈 年 的 必 有 後 福

　　正如上一章中曾經提及，1893 年在香港出生的周埈年，乃周少岐妾侍所出，家族中稱他為七子，[31] 天生聰敏。十歲那年，父母為他

31　從家譜的資料看，周少岐生有十三子五女（參見家族世系圖及上一章討論），以兒子年齡論，周玉堂為長子，但他十多歲時早殤。接下來的第二至第六名兒子均早夭，令排行第七的周埈年變成年齡最大的兒子，惟家族內部仍稱他為「第七子」（或稱為「七哥」）。

及其他兄弟重金禮聘了陳廷泰教授國學，似是希望他能學好傳統經典，走上科舉之路，日後應試考取功名，藉金榜題名以光宗耀祖。可是，1905 年滿清朝廷取消科舉，因而改變了周氏家族的教育方略，周埈年從此不再把心力放在中學之上，而是入讀西式學校，開展了學業知識追求上的另一道路，也開啟了他人生事業的康莊大道。

扼要地說，周埈年放棄國學後，旋即在父母安排下進入聖士提反男校就讀，並因成績極為優異，於該校畢業後負笈英國，進入牛津大學，後考獲學士銜。隨後進入在當地被視作法學殿堂的中廟法學院（Middle Temple）實習應考，然後於 1914 年成功取得該學院頒發的英國大律師銜（Morton, 1917），其時他只有二十一歲，可謂年輕有為。隨後，他離英返港，開始執業，踏上了打拼個人事業的道路。

由於出身大富之家，又有負笈海外著名學府與獲得大律師資格等亮麗學歷，周埈年回港後自然成為炙手可熱的天之驕子，受各方重視，不少大機構紛紛向他招手。不過，周埈年的選擇是先行執業，同時出任家族企業如全安保險公司、香港九龍置業按揭公司、裕安輪船公司等的董事或法律顧問之職。此外，他亦跟隨父親腳步，為一些慈善組織提供法律服務，包括父親及叔叔一直服務的東華三院和保良局等。可是，就在周埈年逐步打響名聲之際，卻在 1925 年 7 月遭遇嚴重的山泥傾瀉巨難，祖母、父親、愛妻、幼子同時罹難，他亦一度被活埋，幸在山崩地裂的千鈞一髮間掉進枱底，有枱面檔去了大量沙石而保命（詳見上一章），冥冥中的命數注定及生死無常的傷痛，相信他定有深刻感受。

俗語有云:「大難不死,必有後福。」周埈年明顯正是這樣的鮮明例子。在巨大災難中逃過一劫的周埈年,逐步走出傷痛後,顯然燃起必須努力以光宗耀祖的鬥志。由於他獲得父親生前建立下來的人脈關係和福德的助力,加上本身才華突出、學歷亮麗,所以事業很快便有了突破。而協助他事業躍上更高平台的「貴人」,則是在1925年接替司徒拔成為新任港督的金文泰(Cecil Clementi)。

原來金氏和周少岐相識於微時,關係深厚,而在殖民統治時代,種族樊籬高不可攀,華人甚難獲得殖民地統治者信任,要被委以重任,必須經過重重考驗。年輕而尚未有建樹的周埈年,能夠突圍而出,獲得統治者垂青招攬進政治核心,關鍵自然在於關係一環。在《石龍周氏家譜》一書中,有周少岐與金文泰交往的記述,而這寥寥數筆,側寫出二人的關係如何協助周埈年取得突破:

> 金文泰氏之為香港華民政務司也,與公(周少岐)為莫逆之交,別後十二年而公見背其後,金氏洊升港督,登岸之日,一見埈年握手而談公之往事,若不勝其哀也者,觀此亦可見公交友之懇摯感人之深矣。(周德輝,1926:沒頁碼)

根據上述記錄,金文泰在「登岸之日」即面見周埈年,握手致哀,反映他與周少岐交情匪淺,但他想不到當初一別竟成永訣,加上故人又是死於非命,震驚之餘自然會倍感難過同情,而他將有關的感情投射到周埈年身上,願意多加提攜關照,也是人之常情——當然周埈年具優異學歷與能力,是可造之材,才是他能不斷攀升的原因。因為人情牌可不會永遠有效,若是扶不起的阿斗,當然很快會被殖民地政府放棄,更不用說金文泰之後的多任港督,同樣對他

青睞有加。結果，在 1929 年，殖民地政府既委任周埈年為團防局委員，又任命他為市政局議員，[32] 標誌着周埈年從此走上康莊的參與政治之路。而投身公職之時，他仍出任家族掌控或佔有一定股份的公司的董事或顧問，為那些企業提供法律支援服務。

　　早期的港英政府，在吸納華人精英方面有一套嚴謹的背景考核方法或制度。獲垂青者除了要英文極流利、學歷亮麗，亦要有親英國政府的背景，表現忠誠；吸納的過程亦是逐步提升，先是贈予太平紳士之類的頭銜，提升其社會地位，接着是委任其進入潔淨局（市政局），觀察或考核其在議會內的表現。期間，當有立法局議員休假，便會委任在市政局內表現突出者短暫署任立法局議員，若其表現仍令政府滿意，即是通過了進一步考驗。待時機適合時，便會委任其進入立法局。若華人精英在立法局中表現卓越及忠誠，則能獲得更重要提拔，進入行政局，亦即進入真正的管治核心。至於在眾多層面表現卓著，又能為殖民管治作出貢獻者，則能獲推薦給大英皇室，頒贈爵士頭銜，為其帶來更大榮耀。

　　周埈年亦走過了這樣的一條政治參與之路。進入市政局後，由於他在議事堂內率直敢言，且多能對穩定社會、促進經濟發展提出具見地的意見，所以深得殖民地政府肯定。1930 年，金文泰離任，其職位由貝璐（William Peel）接替。貝璐上任不久的 1931 年 4 月，即委任周埈年為港口諮詢局委員，為海港的管理及航線更有效安排

32　相關的任命刊登在 1929 年 4 月公佈的政府憲報上，指殖民地政府委任周埈年為潔淨局委員，接替任期屆滿的曹善允，並於 1929 年 3 月 25 日生效（*The Hong Kong Government Gazette*, 12 April 1929）。

出謀獻策（《華字日報》，1931 年 4 月 13 日）。同年 11 月，貝璐又向殖民地部提名周埈年出任立法局議員，接替已經年屆七十歲、任期又已延續兩屆的周壽臣。

　　相關的推薦見 1931 年 11 月 26 日貝璐寫給殖民地部的信函，當中詳細記錄及解說他選擇周埈年的原因。貝璐指周壽臣在立法局的任期將在 1931 年 12 月 1 日屆滿，他認為該空缺若由周埈年接任最為適合，並粗略介紹了周埈年的優點，尤其履歷及家族背景，例如指周埈年 1921 年畢業於牛津大學，之後取得中廟頒發的大律師資格，並在 1923 年獲委任為太平紳士，1929 年被任命為市政局議員。其次，貝璐還提到周埈年在華人社會不少重要社團 —— 如東華醫院、保良局、東莞同鄉會等 —— 擔任要職，乃華人社會年輕有為的領袖，有很大號召力。

　　值得注意的是，貝璐在信末特別提到，周埈年「乃已故周少岐之兒子，而周少岐則屬早期華人社會領袖，1921 年及 1923 至 1924年兩度擔任立法局議員」，此點既讓人看到周少岐在殖民地政府眼中已建立起正面、忠誠的形象，亦揭示大英政府對於所要吸納的華人精英的家族背景極為重視。收到貝璐的信函後，殖民地部按程序向英皇請示，並獲得了「不反對」通知（CO 129.530.1, 26 November1931），周埈年從此跨上另一政治台階。

　　於是，到 1931 年 12 月 1 日，那時剛三十八歲的周埈年進入了立法局議事堂，成為開埠以來最年輕的華人「雙料議員」（即市政局議員和立法局議員）。在他首次參與的立法局會議上，身為御用大律師兼立法局資深議員的蒲樂代表非官守議員致詞，歡迎周埈年

這位「新丁」，他不但提到自己與周埈年有共同法律專業與交往多年，亦表示自己與周少岐同樣有多年共事的友好關係（Hong Kong Legislative Council, 10 December 1931），可見周少岐生前的政治參與和名聲，的確為周埈年留下了不少重要「資產」。

對於周壽臣退任立法局議員後，其職位由周埈年接棒一事，有報紙以「一周去，一周來」作形容。雖說是開玩笑，但多少讓人覺得周氏一姓人才輩出，在香港社會及政壇佔有一席之地：

> 查周代表壽臣辭定例局職後，而繼之者又為周君。周去周來，實屬湊巧，所不同者前則稱周羅曹（周壽臣、羅旭龢、曹善允），將來則稱羅曹周（羅旭龢、曹善允、周埈年），三位並稱時之次序不同耳。（《華僑日報》，1931 年 12 月 4 日）

獲委任為立法局議員後，不同民間團體紛紛向周埈年表示祝賀，甚至設宴招待，其中華商會所更在慶祝會上盛讚周埈年「學優才邁」，指他的委任「必能為本港數十萬人謀福利」（《工商日報》，1932 年 2 月 15 日）。事實上，口才了得的周埈年在立法局的議事堂內總是詞鋒銳利、滔滔不絕，予人精明敢言的觀感；而他對香港社會事務觀察入微，能對不少民生事務提出獨特見解，但在重大事件上又總能配合殖民地政府施政，所以愈來愈受殖民地政府的欣賞與信賴。

毫無疑問，有了立法局議員的身份與頭銜，周埈年在社會公益事務上的角色，例如參與東華三院與保良局事務上，確實更為吃重，在某些重大事件上發揮的力量尤為巨大。舉例說，1932 年 9 月，廣東發生巨大水災，珠江口多處城鎮成為澤國，東莞所受的影

響尤大,在血濃於水、山水相連情感的召喚下,香港人一呼百應,
輸財出力支持廣東救災工作。一直擔任東華三院名譽法律顧問的周
埈年,在東華三院的特別會議上,亦落力呼籲全院上下與香港社會
慷慨捐輸,救助災民。他這樣說:

> 敝邑水災,較別鄉為甚。兄弟接到勉行慈善社來函,經派員回
> 鄉調查,同時縣長來港報告,其慘狀與吾所派之代表之報告相
> 同。因塌屋過多,俱屬貧家屋宇……今流離失所,冬寒將至,
> 斯時難民之苦更不堪設想。(《工商日報》,1932 年 9 月 20 日)

1935 年 12 月 1 日,周埈年擔任立法局議員的任期屆滿。由於
表現突出,獲得港英政府再次委任,任期四年,直至 1939 年 12 月 2
日(*The Hong Kong Government Gazette*, 6 March 1936)。在新一
屆任期內,周埈年同樣公私兩忙,亦同樣表現突出。除了個人的大
律師業務,亦同樣要兼顧家族生意(全安、裕安、香港九龍置業等公
司)與社會公益團體(主要是東華三院和保良局)法律顧問的工作,
他還同時先後擔任香港油蘇地小輪公司、中華百貨公司、中華娛樂
置業公司、第一人壽保險公司的董事,可見身上的工作日重,名聲
則日大。

第二屆任期內的議政論政,要推 1936 年政府針對「妹仔」問題
決定收緊立法一事,因為此事在社會上最備受關注。香港開埠後,
由於義律(Charles Elliot)頒佈了「鄉約律例,率隨舊觀」的承諾,
華人仍遵守《大清律例》,不少迂腐和不合現代人道精神的傳統都被
保留下來,包括一夫一妻多妾制、留辮、「紮腳」(纏足)與「妹仔」
(婢僕,即蓄婢制度)等等。推翻滿清後,除留辮和紮腳等被拋進歷

史的垃圾桶外，納妾與妹仔制度兩項仍原封不動地保留了下來——
那怕中華大地亦將之廢除摒棄了。

　　二十世紀二十年代，受西方人道主義思潮的牽引，一群具先進
思想且年紀較輕的人士如黃茂、麥梅生、張祝齡、馬應彪夫人等，
組成了「反對蓄婢會」（Anti-Mui Tsai Society），推行一場廢除妹
仔制度的巨大社會運動，要求取締妹仔制度——因該制度被當時西
方社會不少人視作奴隸制度。

　　惟華人社會不少年紀較長的賢達如周壽臣、劉鑄伯、何東、
曹善允等持相反意見，對取締之舉很有保留，他們雖然認同人道立
場，抨擊虐待婢女，但卻從社會現實出發，覺得妹仔制度有其正面
作用，一刀切將之廢除是操之過急，反而不利女童或女性的生存和
發展，這批人士乃組成了「防範虐婢會」（Society for the Protection
of Mui Tsai），周少岐當時亦是其中一員，大家各執一詞，在社會上
展開了極為激烈的爭論（Smith, 1995；麥梅生，1933）。

　　一方面是受到反對蓄婢會的壓力，另一方面又受殖民地部指
示，港英政府乃提出修改法例，規管妹仔，並於 1923 年在立法
局三讀通過《1923 年家庭女役條例》（Female Domestic Service
Ordinance, 1923，俗稱《取締蓄婢新例》或《家庭女工條例》）。法
例規定，從此以後，「……無論何人，不得僱用和轉賣婢女；無論何
人，不得僱用女僕未滿十歲者，凡在港有婢女者，須按限定日期將
婢女註冊……」（Hong Kong Legislative Council Sessional Papers,
15 February 1923）。

　　條例雖對保障女權有一定幫助，但港府因種種原因並沒有嚴格貫徹執行，使法例形同虛設，婦女仍得不到實質的保障。舉例說，大戶人家多採用換湯不換藥的方法，將「妹仔」改稱「養女」，籍以逃避法律制約。故自 1930 至 1937 年的八年時間內，註冊的婢女只有不足四千人左右，與反對蓄婢會估計的近萬人相差很遠，令該會成員十分不滿，認為港府逃避責任、執法不力，所以透過不同渠道向倫敦政府施壓。

　　事實上，條例頒行不久，港府便因大罷工問題而無暇他顧，至於金文泰「不欲干預華人傳統習俗」的態度，也間接影響政府執行相關法例的意志。由於「妹仔」問題沒有真正得到解決，反對蓄婢會便在 1929 年去信英國殖民地部，並在同年 7 月 7 日再次發動輿論壓力，要求港府落實註冊婢女的規定（Miners, 1987）。經過一番推搪後，殖民地部在三十年代中致函時任港督貝璐，要求他針對當中漏洞，加強法例規管，並要港府修改法例增強阻嚇性，包括將違法者由罰款改為拘留與囚禁等刑罰等，以保障女性權益。

　　於是，貝璐於 1936 年提出修訂《1923 年家庭女役條例》，核心內容自然是根據上司的意見，加強對犯法者的處罰。由於此舉會觸碰到很多有錢家族的利益，令他們掉進法律的羅網之中，作為華人立法局代表的周埈年、曹善允與羅文錦等，[33] 自然齊聲反對（《華字日報》，1936 年 5 月 28 日）。草案進行辯論時，周埈年表示，他認為對違反蓄婢條例者處以罰款基本上已合適，但若涉及人身傷害、虐打或非人性對待，則支持加入坐牢的懲罰。對比其他年紀較長的華

---

33 這段時期，羅旭龢休假，其席位由同樣屬法律專業的羅文錦（何東女婿）署任，他日後接替曹善允成為立法局議員。

人代表，他的看法已較符合人道主義的精神。不過到法案付之表決時，他仍站在上流華人階層的一方，投下了反對票。[34] 儘管如此，草案最終在官守議員（即由政府官員出任的議員）的一致支持下順利獲得通過，成為正式法例（Hong Kong Legislative Council, 27 May 1936）。

到羅富國（Geoffrey Northcote）於 1937 年接替貝璐為港督後，又一改金文泰時的做法，頒佈《1938 年家庭女役（修訂）條例》（*Female Domestic Service Amendment Ordinance*, 1938），既全面執行相關法例，對「妹仔」進行人口登記，又嚴格禁止買賣「妹仔」、蓄養婢女。除此之外，又加強執法，檢控買賣「妹仔」的人士，使問題得到真正的解決（Miners, 1978）。

雖然在那場加強規管蓄婢的立法行動上，周埈年代表華人利益反對政府政策，但因他在其餘大部分時間能配合政府方向，加上在慈善公益及社會服務上貢獻良多，殖民地政府乃向大英皇室推薦頒贈他更重要的榮銜，以資獎勵。於是在 1938 年 1 月 1 日，英國皇室宣佈向一些對本港社會有突出表現的人士頒贈勳章，周埈年亦榜上有名，獲得了 CBE 勳銜（《工商日報》，1938 年 1 月 3 日）。

除此之外，半年後的 1938 年 7 月，政府憲報刊出通告，指行政局非官守議員羅旭龢在 6 月底休假離港期間，周埈年暫代其職，出任行政局議員（*The Hong Kong Government Gazette*, 15 July

---

34 其實，三名華人議員明知法例在政府主導下必然獲得通過，他們投下反對票，很可能是與殖民地政府「唱雙簧」，目的是為了安撫富裕階層，平衡各方政治力量，配合政府施政而已。

1938），顯示港英政府對周埈年才幹和忠誠的進一步肯定，他的社會
地位自然亦再次提升（《工商日報》，1938 年 7 月 1 日）。

　　由於周埈年在立法局內的表現確實突出，加上他對各大華人慈
善團體的支援亦十分積極，出力不少，所以亦獲得華人社會的支持
（《華字日報》，1939 年 5 月 6 日）。到了 1939 年他第二屆任期快要
完結時，港督曾深入考慮再給他續任，並致函殖民地部要求「特事
特辦」，在周埈年任期屆滿後繼續委任他；可惜，這一要求並未獲殖
民地部接納，原因是「除英皇特許外，不能連任超過兩屆」，令周埈
年一如周壽臣般，在任滿後離開了立法局的議事堂（CO 129.576. 19
October 1939）。

　　正因如此，在 1939 年 12 月 7 日的會議上，羅富國對周埈年的
「任滿告退」表示感謝，高度表揚他的貢獻。羅富國這樣說：「周埈年
過去八年之努力，勞績卓著，可謂克繼其先翁周少岐之志……處處
能為本港居民之利益着想，忠於職務，襟懷寬大，觀察明敏」（《華
字日報》，1939 年 12 月 8 日）。稱讚之時，又不忘拉上周少岐的關
係，可見上一代積累下來的人脈與社會資本，實在不容小覷。

　　毋庸置疑，周少岐擔任立法局議員的日子不長，但他留給周
埈年的政治資本和人脈關係則不少。在參政議政的道路上，周埈年
雖有其學歷彪炳、才華出眾之處，但若沒有父親深厚政治資本的支
持，顯然沒可能平步青雲，成為最年輕的華人「雙料議員」。雖然市
政局及第一屆立法局席位的任命有不少父親「福德」的影子，但到第
二屆任期時，則基本上已由他個人的才華與能力所決定，而他同樣
表現突出，為他在下一階段的更上層樓打下了基礎。不過，因為制

度所限，他亦只能如足球賽般「中場休息」。

周錫年的別樹一幟

　　周埈年在執業、服務家族企業與社會，以及參與政治等不同層面上均取得亮麗成績之時，周氏家族另一顆冉冉上升的耀目新星 —— 周卓凡之子、周埈年的堂弟 —— 周錫年，亦以年輕有為、家境與學歷均令人眼前一亮的姿態登場，並吸引了社會各界注視。

　　作為周卓凡一房代表人物的周錫年，較周埈年年輕十歲，1903年生於香港，在聖士提反中學畢業後於 1919 年進入香港大學醫學院，求學期間一直成績優異，並於 1923 年在香港大學醫學院畢業翌年，即獲執業資格，在當時而言十分突出。香港政府憲報曾刊登相關資料，指周錫年於 1923 年獲取香港大學醫學及外科雙學士，登記地址為興漢道 1 號（與香港大學只有一街之隔），已獲相關專業組織確認給予執業資格，可以在香港行醫（*The Hong Kong Government Gazette*, 1 February 1924: 42）。

　　然而，周錫年並沒立即邁上執業的道路，而是在家族充裕財富支持下繼續進修。他先負笈歐洲，在倫敦大學攻讀眼耳鼻喉科專科，並在一年後的 1925 年取得了英國倫敦眼耳鼻喉科專科醫生資格。其後他再轉赴維也納大學深造，提升專業資歷，打造更強品牌，在取得該大學相關資歷證書後的 1926 年回港，正式踏上執業之路。

　　由於周錫年專科知識豐富、醫術精湛，迅速在醫療條件欠佳的

香港闖出名堂，開始執業後一直其門如市，求醫問診者絡繹不絕。在
1932 至 1935 年間，周錫年獲邀加入香港大學，擔任外科學系講師，
執起教鞭（The University of Hong Kong, 1961b）。與周埈年相似
的是，周錫年把精力投放到執業任教之餘，亦不忘服務社會，參與
不少社會事務及慈善公益，特別是與醫學相關的組織。於 1935 年，
他獲選為中華醫學會會長，1936 年再成為法定組織醫務委員會的委
員（The Hong Kong Government Gazette, 27 November 1936），逐
步建立起個人作為華人領袖的形象。

　　1935 年底，周錫年獲周壽臣推舉為市政衛生局（即原來的潔淨
局、日後的市政局）議員，並獲殖民地政府接納和批准，成為市政局
議員，他從此開始就地區事務提供意見（《工商日報》，1936 年 1 月
29 日）。為祝賀周錫年獲選為市政局議員，東莞商會在 1936 年 2 月
中更舉辦晚宴誌慶，周錫年與父兄等不少家族成員均有出席。周錫
年在席上致詞感謝同鄉支持。顯然，周氏家族在粵商粵人 —— 尤其
東莞鄉親 —— 中很有地位，並有不容低估的團結和凝聚鄉人的力量
（《工商日報》，1936 年 2 月 17 日）。

　　由於身為醫生，周錫年獲選為市政局議員後，自然較關心香
港的公共衛生與醫療議題，亦會從醫學專家的角度出發，查找問題
並提供可行建議。當時香港衛生情況欠佳，有不少重大公共衛生問
題，其中肺癆病肆虐最引人關注。據報紙報道，1935 年時死於肺癆
病的人多達 2,947 人，到了 1936 年[35] 則上升至 3,261 人（《華僑日

---

35 據統計，1935 年底及 1936 年底香港的人口為 966,341 人及 988,190 人（《星島日報》，
　　1949 年 1 月 31 日；鄭宏泰、黃紹倫，2004：46），即當時香港總人口不足 100 萬，
　　每 10 萬人的死亡率達 295 人和 330 人，比率極高。

報》，1937 年 8 月 2 日），顯示問題的嚴重程度與不斷惡化。以下一則報道，帶出了問題的嚴重性：

> （本港）每日死於是症（肺癆）者，平均有八人至十人不等，尤以夏季為甚。每週之死亡人數，約七十人至九十人左右，此數尚不包括在港染病而回鄉逝世之人……肺癆已成為本港居民健康之最大勁敵。（《華僑日報》，1937 年 8 月 2 日）

周錫年亦對此問題十分關心，並多次提出討論。舉例說，在 1936 年 8 月底的市政局會議上，周錫年提到肺癆病在香港肆虐，質詢政府有何對策。他進而以醫學專家的角度建議政府應從傳播途徑入手，禁止居民在公眾地方吐痰（《天光日報》，1936 年 8 月 30 日；《工商日報》，1936 年 8 月 30 日）。由於當時市民缺乏公共衛生意識，在公眾地方隨地吐痰的行為十分常見，周錫年提出堵截傳播的方法，顯然能有效阻止肺癆病進一步擴散，甚具前瞻性。

除了以刑罰阻嚇隨地吐痰的行為，周錫年亦認為應從教育市民入手，因為肺癆病之所以在香港肆虐，明顯與當時港人缺乏衛生資訊，不理解癆病的預防及治療方法有關。故於 1937 年，他與其他醫學界精英如李樹芬等提出成立防止肺癆會，發起一場「防癆運動」（《華僑日報》，1937 年 7 月 17 日），希望藉民間力量提升防癆意識，提醒公眾時常保持對此病的警惕，以及病人及早接受診斷和治療的重要性。

周錫年向政府提出的另一重要質詢，與早期令人談虎色變的麻瘋病有關。1937 年 1 月，同樣在市政局會議上，周錫年針對深

水坑有麻瘋病人常常在居民聚集地出現引起憂慮的問題，提出個人看法，認為這樣會對公共衛生構成威脅。由是之故，周錫年質問政府，是否在深水埗或九龍設有「麻瘋洲」（島）？若有，該島是否採取隔離設施？島內的麻瘋病人有多少？病情有否好轉？以及有否將病人送到香港以外地方等問題。[36]

周錫年又針對當時社會對麻瘋病及治療技術的流言蜚語，要求政府採取科學方法進行深入調查研究，以正視聽，減少民眾對疾病訊息的誤傳和誤解（《工商日報》，1937 年 1 月 17 日；《天光日報》，1937 年 1 月 17 日）。該質詢之後，政府不敢再隱瞞問題，花了不少資源和精力着手認真處理，令問題最終得到全面解決，惟那已是戰後的事了。

另一方面，周錫年又針對當時社會出現水痘散佈仍未受抑制的問題，質詢政府的防疫安排，他提到部分民眾仍較接納中醫方法防疫，認為中醫方法應該有其可取之處，但他則對中醫治療能否收效存疑，所以建議政府採取「中西共同治療」的方法，以免耽誤防疫時機，令問題因為未能及時對症下藥而惡化（《天光日報》，1938 年 3 月 26 日及 30 日）。

由於周錫年在議會內外均對社會 —— 特別是公共醫療與公共衛生問題 —— 作出巨大貢獻，他的醫學專業尤其乃當時社會所急需和依賴，所以當任期在 1939 年屆滿後，乃獲得議會主席蒲樂及副主席羅旭龢共同「保荐（薦）聯（連）任」，並獲全體議員「一致贊成」

---

36 有關早年麻瘋病在中國——尤其華南一帶——散播的歷史，可參考梁其姿的著作 *Leprosy in China: A History*（Leung, 2009）。

（《大公報》，1939 年 2 月 4 日及 10 日）。於是，周錫年乃留在市政
局中繼續憑其專業為社會作貢獻。在周錫年獲確認續任市政局議員
後不久，有一則與他相關的趣聞：有消息指周錫年贏得香港賽馬史
上最多彩金的賽事，一注獨得 24 萬元。此消息很自然地引起全城哄
動。不過當記者向他求證時，他即時否認，並謂實情乃「係友人開玩
笑」而已（《大公報》，1939 年 2 月 28 日及 3 月 1 日）。是耶非耶，
外人不得而知。

　　家族的興衰，很多時和人力資源多寡增減緊密相連。家大業
大、子孫眾多的周氏家族，雖然曾經歷一場巨大災難，給家族帶來
沉重打擊，惟因人力資源仍然充沛，所以能在走出悲傷期後迅速再
次強盛起來。周埈年和周錫年則屬當中的兩個突出例子。而周卓
凡的其他兒子如周昌年、[37] 周耀年、[38] 周煥年、[39] 周鴻年，[40] 以及周億年
等，[41] 表現亦十分突出，在不同專業與生意層面取得不錯的成績，反
映人丁昌旺的周氏家族實在人才輩出，所以能夠在災難過後迅速中
興，在當時社會中擁有不容低估的影響力。

---

37 周昌年生於 1895 年，香港聖士提反學校畢業後，以長子身份從商，在商界頗有美名。

38 周耀年生於 1901 年，香港大學土木工程兼電學科學畢業，英國結構工程師學會審定工
程師及香港註冊建築師，乃香港第一代華人建築師，與友人李禮之合創「周李建築工程
師事務所」，在建築業界名聲響亮（吳啟聰、朱卓雄，2007）。

39 周煥年生於 1908 年，香港大學醫學院畢業，英國倫敦皮膚專科及愛爾蘭婦產科專科執
業醫生，和周錫年兩兄弟合組「周周醫務所」，成為社會一時美談。

40 周鴻年生於 1908 年，妾氏梁氏所出，執業律師，可惜英年早逝，日軍侵略時逃至大後
方避難，1945 年 10 月在柳州去世，享年只有三十七歲。

41 周億年生於 1929 年，香港大學醫學院畢業，執業西醫（周植年，1989）。

黑暗歲月的韜光養晦

　　1937 年 7 月 7 日，日軍藉故向中國發動侵略戰爭，中國人無論身處何地均敵愾同仇。由於香港作為英國殖民地仍暫得享和平，故不少受戰火波及、顛沛流離的無辜百姓紛紛湧入這彈丸之地。然而，大量難民湧到，導致本地房屋、糧食、教育、衛生、交通等壓力迅速急增，周埈年及周錫年因參與了立法局和市政局的工作，見證亦參與了如何應對各種社會問題的討論，並作出不少貢獻。

　　可是，香港得享和平的日子並不能維持太久，因為日軍低估了中國人全力抗日的意志，至發動戰爭後才察覺陷入泥沼，其侵略戰爭無法如預期般如取如攜。日軍不但不檢討自己的策略失誤，反將過失遷怒於美國和英國，認為問題是兩國藉機發戰爭財，暗中支持中國抗戰之故。因此日軍擴大戰線，將攻擊目標指向美國及英國在亞洲的殖民地，香港因而成為日軍下一個侵略的獵物。[42] 儘管各種軍事情報顯示日軍已作出進攻演習，侵略香港的野心盡露、如箭在弦，但駐港英軍始終沒有認真備戰，覺得日軍不會入侵有大英做後台的殖民地（關禮雄，1984；謝永光，1994；Snow, 2003）。

　　資料顯示，當香港四周戰雲密佈之時，港英政府為了便於管治，一直發佈歌舞昇平的信息，大多數市民信以為真，不覺得戰火將至，所以沉醉在和平安逸的氣氛之中；周氏家族自然亦工作、經

---

42 受這一侵略決策的影響，與香港一衣帶水且幅員規模更為細小的澳門，則因葡萄牙宣佈中立避過了日軍的炮火，自 1941 至 1945 年間成為一個得享和平但極為弔詭的「和平孤島」，乃取得情報與重要物資的交易要地。

商和生活如常。舉例說，1941 年 1 月，退下政治前線並已全心執業
一年多的周埈年，獲港督委任為醫學會委員，接替任期屆滿的羅文
錦（*The Hong Kong Government Gazette*, 17 January 1941），相信
是由於周埈年年紀「尚輕」（其時未足五十歲），須經過一段時間「過
冷河」，才適合再度重用。同年 5 月下旬，保良局「選舉」總理，
周錫年獲任主席一職，副主席則是周壽臣長子周日光（《大公報》，
1941 年 5 月 22 日），同樣顯示了周錫年大有更上層樓的勢頭。由於
周埈年和周錫年的事業均如日方中，且有進一步發展的有利形勢，
家族在社會上的名聲又日響，周氏中人自然特別歡欣喜悅，並曾因
此慶祝一番。

在戰火逼近前夕的片刻太平期間，由於有大量難民湧入香港，
產生了人浮於事、失業率不斷飆升等問題。部分難民及低下階層市
民為求生計，選擇充當小販，隨街擺賣，自然滋生了不少社會問
題。為了整治環境及秩序，政府當時採取了強硬手段取締，大力掃
蕩小販。但管理小販的部門手段過於嚴厲，甚至出現違法之舉。全
港小販在求救無門之下，只好向一直敢言且擔任市政局議員的周錫
年請願。

小販陳情時指「衛生幫」（即衛生督察，負責處理小販的人員）
打擊小販的手法欠妥，經常「擅自處分」，如充公貨物及毆打小販
等，令他們損失慘重之餘，身體更受傷害。周錫年對此表示同情，
認為「小販為社會上之貧苦階層，在今日謀生已感不易，並將其藉
以謀生之工具亦攘（相信是「掠」字筆誤）奪去，他們被迫於絕路，
或將藉其他不安分之方法以維持其生活」，他建議衛生幫應給予體諒
同情，不要一味打壓。周錫年這種為弱勢執言發聲的舉動，自然得

到小販及普羅市民的欣賞（《大公報》，1941 年 5 月 24 日及 6 月 18
日）。由於社會對小販問題亦十分關心，所以政府在數月後成立一個
「小販問題研究委員會」，召開會議討論問題（《大公報》，1941 年
10 月 15 日），希望能找到妥善的處理方法。

可是，當政府和社會各方仍在尋求合適方案，為低下階層提供
方便，讓其自食其力之餘，又不至於影響社會治安、秩序和衛生問
題時，日軍已大軍壓境，在 1941 年 12 月 8 日越過深圳河，從海、
陸、空三方面向香港發動全面進攻，香港自始墜入三年零八個月的
噩夢中。不但無數無辜市民死於日軍炮火之下，苟延殘喘者亦因糧
食不繼、親人離散，活在朝不保夕的困境中。

在日軍侵港後，周埈年可能是幸運，也可能是獲得情報，故能
如何東、曹善允等少數社會領袖避過日軍耳目，在日軍圍城前逃到
了澳門，避過了日軍槍炮刀劍直指面門，也不至為日軍利用和威脅
（謝永光，1994）。至於避難澳門期間，由於當時特務處處，周埈年
刻意保持低調，韜光養晦，不與任何政治力量接觸往來。

據 Philip Snow 引述 1946 年的殖民地檔案指出，香港淪陷期
間，不少本來乃港英政府極為信任、委以重任的人，例如陳廉伯、
羅旭龢、李子方、周壽臣等，都屈服於日軍刀槍之下，為其效力，
甚至做出傷害英國及香港利益的事。其中最突出的例子是羅旭龢，
他被指在日治時期為日軍奔走，做了不少不應該做的事，所以被視
為「侍敵者」，香港重光後被褫奪了大英皇室及殖民地政府頒贈予他
的頭銜和職位（Snow, 2003）。

相對而言，周氏家族基本上能保持清譽不失，其中周埈年和周錫年兩人的舉動應對更深獲稱許。由於周埈年能夠不被日軍捉拿，趁機逃往澳門避難，之後保持低調沉潛，自然難有不軌之事被人抓着錯處。周錫年則沒那麼幸運，據說他們一家在日軍侵港時來不及逃難，吃了不少苦頭，兩名兒子周啟賢和周啟邦亦差點被抓走。周啟賢妻子在接受訪問時回憶，日軍侵佔香港島後曾到周家搜掠，其時已十多歲的周啟賢和周啟邦因躲藏在窗簾下，又紮上小辮子，男扮女裝，才不至被日軍抓走當壯丁，保存了生命。

到進入日軍統治的黑暗時期，由於周錫年有醫生專業，淪陷前又只屬市政局議員，不算殖民地政府管治核心成員，並未惹來日軍太多注意，故仍能以專業醫生的身份懸壺濟世，奔走於救病扶危之間，發揮醫者角色。一次，他得悉日軍將一班英國銀行家圍困在新華酒店之內，限制其自由，當中不少人感染了疾病，卻無法獲得治療。周錫年於是在夜幕低垂時避過日軍監視，偷偷進入酒店為他們看病醫治（Snow, 2003）。此舉不但令周錫年獲得他們的欣賞和感謝，更令他贏得英國政府的讚賞及信任。

周錫年另一眼光獨到的見解，是認定日軍統治不會長久，並對日軍統治期間廢除港幣、推行軍票一事不以為然。據周錫年蘊孫周國豐憶述，淪陷期間，日軍逐步推出軍票，取締港幣，周氏有朋友急急將港幣轉手，兌換成軍票，但周錫年則勸他不要這樣做，因當英國重奪香港時，軍票必然會變成廢紙；反之，遭日軍作廢的港幣，必然會恢復其價值。日後亦證明他的眼光準確，其朋友則因不信周錫年之言而蒙受損失，後悔不已（周國豐訪問，2013 年 5 月 30 日）。

天災雖非個人力量與意志能夠轉移,人禍按理應可避免,但戰爭這種因為人性貪婪而引致的反文明、反人道禍害,卻總是頻頻發生。在戰火籠罩下,生命極為脆弱,周氏家族和所有香港人一樣,活在朝不保夕、誠惶誠恐之中。惟周埈年和周錫年等周氏家族成員,選擇在戰亂時局中韜光養晦,不為敵用,並在力所能及下以蒼生為念,向無助者施以援手。這種亂世中仍能堅守的智慧與節操,不但令他們贏得讚譽,當時局逆轉時更協助他們躍升上青雲。重光後負責從日軍手中接管香港的麥道軻(D.M. MacDougall,另譯麥道高),[43] 曾指周埈年是「唯一看來手腳乾淨的公眾人物」(The only public figure who appears to have entirely clean hands)(CO 968.120.1, 4 October 1945; Snow, 2003: 284),這個高度評價既代表英方的看法,亦可作為周氏一脈在戰時表現的重要註腳。

重光後的更上層樓

經歷一段漫長黑暗的苦難歲月後,香港、中華大地,甚至全世界終於迎來和平,日本軍國主義者宣佈無條件投降,向世界人民謝罪、接受審判。在日軍發動侵略戰爭時不堪一擊的英軍,卻因早獲情報,派出時為海軍少將的夏愨(Cecil Harcourt)快人一步地開到香港,搶在中華民國政府之前接管了香港,恢復了英國的殖民統治(關禮雄,1984;謝永光,1994;Snow, 2003)。

---

43 原任華民政務司,重光時任「香港計劃小組」主任,負責安排和統籌光復香港後的補給和政務事宜。

夏愨接管香港後，為了確保政權轉移，恢復社會、經濟和金融等秩序，宣佈實行軍事管治，並針對日治時期的通敵者進行審查和追究，至於那些不屈服於日軍刀下，仍對英國表現出忠誠者，自然會獲得重用，周埈年和周錫年過去數年明哲保身，不願意為日軍奔走或利用，反而冒險協助英軍或英人的舉動，自然獲得夏愨另眼相看。

結果，夏愨於 1945 年底委任周埈年為九龍華民政務司，將恢復九龍區社會秩序的大權交到他手上，顯示夏愨對他的高度信任。到了 1946 年，當軍事統治結束，夏愨離任，改由楊慕琦（Mark Young）接替，恢復民政管治時，周埈年除了獲任命為立法局議員，還獲「加碼」提拔為行政局議員，如當年的周壽臣般，進入了港英政府管治核心。與二三十年代的議政作風不同，此時已進入知天命之年的周埈年，月旦時政時表現得明顯更為穩定和面面俱圓。同年，周埈年更獲大英皇室頒贈 CBE 勳章，應是對其服務社會的進一步肯定（CO 968.120.1, 4 October 1945; Snow, 2003: 284）。

除周埈年戰後迅速獲得重用，堂弟周錫年亦是如此，他於 1946 年獲夏愨推薦出任立法局議員，原因當然是「他的戰爭時期紀錄，令他贏得中英兩國政府的高度讚賞」（Snow, 2003: 284）。這裏所指的「戰爭時期紀錄」，主要是前文提及救治被困於新華酒店的一批銀行家。當然，周錫年在戰前表現出參政的熱心，但日治期間則只是行醫救人，不問政治，這種行為舉止的明顯落差，清晰地讓英國殖民政府看到他不願為日軍所用，所以更能贏得英國統治者的信任。於是，戰後恢復民政管治的香港立法局內，便出現了兩（堂）兄弟同在議事堂內侃侃而談，有時甚至互相辯論的畫面，成為一時佳話。

戰後，香港全力投入經濟與社會重建。其中一點常被提及的，是楊慕琦因對香港民眾在抗日期間表現英勇，願意為香港作出大無畏犧牲等舉止表示欣賞，所以恢復民事管治後，曾思考加快香港民主步伐，讓市民有更大的政治參與權利，此即「楊慕琦計劃」（Young Plan）。但是，計劃據說遭到華人社會的冷淡回應，當時的周錫年亦不認同在那個環境下推行民主政治，覺得不利經濟與社會發展，所以他於 1948 年 11 月曾前往殖民地部，向有關官員表示本地社會對於該計劃「沒有需求」，令相關計劃最後胎死腹中（Snow, 2003）。

抗日戰爭後，中國大陸旋即爆發內戰。由於戰況激烈，大量難民湧到香港，令過去一度困擾香港的房屋、糧食、醫療、衛生、治安、教育、交通等問題，再次變得尖銳起來，身為行政及立法兩局議員的周埈年對此甚感關注。舉例說，在 1948 年 3 月立法局討論財政預算案時，周埈年在議事堂發言，表示反對政府提出的增加賦稅方案，覺得這樣會增加市民及營商者負擔，不利恢復經濟活力，並促請政府採取措施，解決屋荒問題，因為難民持續湧到，令香港房屋問題更趨嚴峻，要求政府必須及早拿出實質的解決方法（《工商日報》，1948 年 3 月 31 日）。

相對於周埈年，正值壯年的周錫年戰後的議政論政，明顯更為進取積極，基本上可說是恢復了戰前那種敢言與詞鋒銳利的作風。例如在 1948 年 5 月，他以香港首席代表的身份出席聯合國在印度舉行的「亞洲及遠東經濟會議」（《大公報》，1948 年 5 月 21 日及 6 月 25 日），發表了促進亞洲地區經濟發展的言論，引起與會者高度注視。翌年，他又針對自重光以後香港仍推行食米配給的問題，在立法局會議上質疑政府的蕭規曹隨乃不知變通，認為政府應配合新

形勢，讓商人在國際市場上自由採購，供應香港所需，觀點同樣獨到，令人耳目一新。[44] 另一方面，周錫年又指出，政府應以獎勵的方法，推動新界農民種植水稻及蔬菜，豐富本地糧食與副食品供應，說法贏得了新界農民的不少掌聲。[45]

其次，周錫年還因應戰後移民大量湧入，房屋問題嚴峻，率先提出應該發展新界，增加土地興建房屋。同時他又建議，應鼓勵商人或普羅市民參與開拓新界土地，藉以減輕市區人口過度擠逼的問題，他甚至建議政府可以寬減「官地年租」（Crown rent）的方法作誘因，吸引更多人由市區搬到新界居住（Hong Kong Legislative Council, 31 March 1949: 134）。

由於周錫年在議會內外均率直敢言，不少獻策又切中時弊，加上他在其他社會服務 —— 尤其醫療衛生方面（參考下一節討論）—— 同樣甚為卓越，殖民地政府乃向大英皇室推薦，於 1950 年 6 月向他頒贈 CBE 勳銜（《工商日報》，1950 年 6 月 8 日），令其社會地位和名聲直逼堂兄周埈年。對於周錫年獲得勳銜一事，在 8 月初，東莞同鄉會同樣為他設宴慶賀，顯示他甚有人緣及在同鄉間頗有地位（《工商日報》，1950 年 8 月 10 日）。

---

44 對於此點，政府認為聯合國仍對糧食採取相對保守的配給政策，港英政府亦不應貿然偏離糧食統制的方向，所以沒有採納其建議，決定短期內不會考慮完全放開本地食米市場（Hong Kong Legislative Council, 31 March 1949）。

45 對於此點，官員的回應則指水稻效益不夠大，政府不會考慮，反而種植蔬菜，則具有一定經濟效益，政府會從詳商議，並會利用「批發市場計劃」（Wholesale Marketing Scheme）推行相關建議（Hong Kong Legislative Council, 29 March 1950）。

　　對於能夠屢獲殊榮，周錫年似乎沒因此自滿，而是再接再厲，在議政論政和社會服務上繼續出力。舉例說，針對香港市區停車位不足的問題，周錫年提出，在城市會堂（大會堂）的地底開闢停車場，政府官員認為可行，並表示早已委託香港大學教授布朗（Gordon Brown）進行可行性評估。另一方面，周錫年亦針對市區街道晚間照明不足，既不便行人，又影響治安的問題，促請有關部門正視，並儘速跟進，官員同樣表示會認真考慮其意見。還有，他更提醒政府在增加小學撥款的同時，亦應增加中學的資源（Hong Kong Legislative Council, 27 March 1952）。

　　而作為相對「年輕」的華人社會民意代表，周錫年亦積極扮演市民與政府溝通的橋樑角色，較多參與調停各方的矛盾爭拗，所以每當市民碰到不公不義的社會問題，或不滿政府施政時，自然會上門向他尋求協助，而不是同樣作為華人代表但年事已高的周埈年。以下且列舉三則較受社會關注的事件作出說明：

　　一、協助竹園村村民重建居所。1957 年，政府因為徵地興建房屋而需清拆黃大仙竹園村，引起部分不願搬遷及不滿意安置條件的村民強烈反對，他們以「維護家園、保障生活」為由，反對遷拆，抗議政府專制獨斷。他們向周錫年尋求協助，請他要求政府「體恤民艱」。周錫年表示同情他們的遭遇，並答允給予協助（《大公報》，1957 年 6 月 12 日），最終幫助村民解決了問題。

　　二、協助海塢工人轉職。1958 年，海塢公司因經營虧損決定結業，令近 4,600 名海塢工人失業。由於當時人浮於事，一旦失業生活隨時無以為繼，他們於是尋求周錫年協助（《大公報》，1958 年 1 月

1 日及 3 日）。而周錫年利用個人商業與社會網絡，為失業員工安排工作，令他們不至手停口停。

三、協助香港工業家應對貿易保護主義。香港工業在「冷戰年代」一步一腳印地邁出了發展腳步，並因貨品價廉物美廣受歡迎，但不久的 1959 年即因英美等國築起貿易保護壁壘而面對不公平待遇，令外銷受阻，業界對此自然感到十分不滿。為此，不少工業家乃尋求周錫年協助，他則無論在立法局議事堂內，或其他社交場合上，均不斷要求港府維護本港工業家利益，採取反限制的措施（《大公報》，1959 年 3 月 19 日）。儘管香港因為實力太小之故，最終未能抵抗實力龐大的貿易保護主義，但其仗義執言仍贏得不少工業家的感激。

周錫年頻頻月旦時政、大出風頭之時，周埈年因身在行政局，受保密制度所限，不便在公眾場合說得太多，所以風頭沒周錫年盛。但相信他應在行政局內亦頗有建樹，同樣受殖民地政府的肯定，因為在 1956 年，他獲英國皇室賜封爵士勳銜，成為香港歷史上第二個周姓人士獲得爵士頭銜。三年後的 1959 年，周埈年感到自己年事已長（已屆六十五歲），精神健康不比當年，故宣佈退休，不再出任行政局議員，結束個人近三十年服務政府的生涯。至於他行政局議員的職位，政府則選了其堂弟周錫年頂上。這種情況，既有早年「一周去，一周來」的影子，亦有「兄位弟繼」的色彩，令人津津樂道。

到了 1960 年，在不同公職均有出色表現的周錫年，亦已經積累了充足功勳，於是乃如四年前的周埈年般，獲大英皇室賜封爵士勳銜（《大公報》，1960 年 10 月 1 日），一個華人家族內有兩名爵士，

乃香港社會前所未有的罕見現象。更加引人羨慕的，是香港大學於
1961 年同時向周埈年及周錫年頒贈名譽博士學位，表彰兩人對社會
的貢獻，令周家再次成為一時佳話。在那次頒贈儀式上，香港大學
在頌詞上這樣介紹周埈年：

> 服務立法行政兩局長達二十八年（將日治時期計算在內──作者
> 註），打破香港開埠以來紀錄⋯⋯退休時，英女皇特准他永遠
> 保留「The Honourable」的稱謂，乃繼周壽臣之後第二位能夠
> 保留此稱謂的華人。（The University of Hong Kong, 1961a）

至於對周錫年的頌詞，除了講述他在醫學專業和公職服務方面
的貢獻，還花了不少筆墨於生意上。該介紹如下：

> 在生意方面，他是不少於十四家不同類別企業的主席或董事，這
> 些企業服務全港絕大部分市民，結婚與殯儀生意除外。你可向
> 他旗下一些企業借貸購買土地、興建房屋，或是向他另一些企
> 業購買保險、銀行服務、衣服、皮革或旅遊等。你每天享用的
> 東西，大多來自周錫年爵士。（The University of Hong Kong,
> 1961b）

周埈年和周錫年大難當前仍能保持政治忠誠，在香港淪陷期間
不願為日軍效力，寧可韜光斂跡，不露鋒芒，與其他原為港英政府
倚重卻甘願淪為日軍鷹犬的華人領袖相比，當然是勝出甚多。而由
於英國軍隊搶先一步將香港重納入英國殖民地，因此二人亦守得雲
開見月明。而戰後百廢待舉，正是用人之際，英國統治者既然肯定
了他們的忠誠，自然對他們倍加倚重，將他們吸納入政治權力的中

完全退休後的周埈年，有時仍會出席一些重要社交場合。六十年代末，他參與棉紡公會活動，與棉紡巨擘周文政握手。

周錫年與中華巴士創辦人顏成坤同屬社會精英賢達，亦有不少投資合作。

心，所以二人在戰後的政治生涯便憑藉這股好風一直送上青雲。至
於兩人在經歷日軍統治與人生閱歷更豐之後，在議政論政和思考問
題上更有深度和更為全面，所以在進入政治核心後能發揮更大作用。

為公為私的奔走與綢繆

周埈年在行政局退下火線，打算安享晚年，並由周錫年頂替的
這個重大轉變，其實可說是周錫年進入了人生的最燦爛時期，令不
少他早年做下來的公、私事業，有了一種火乘風勢般更為突出的發
展。這裏所說的「公」，是指公共服務方面的努力，簡單來說可歸納
為三方面：一、牽頭創立防止肺癆組織與設立醫治肺癆醫院，二、
推動設立伊利沙伯醫院，三、抵抗貿易保護主義並推動香港工業發
展。至於「私」，是指他發展個人或家族生意，這同樣可歸納為三方
面：一、出任多家著名公司董事，二、與友人合夥做生意（房屋、旅
遊等），三、經營家族生意（銀行、航運）。本節則會集中探討這兩
個層面的努力和成就。

在牽頭創立防止肺癆組織與設立醫治肺癆醫院方面，正如前
文曾經提及，本身乃耳鼻喉專科醫生的周錫年，對提升香港醫療條
件、改善公共衛生一直十分熱心。香港淪陷前，他參與區議會事務
時，曾因應麻瘋病、肺癆病和水痘防疫等提出不同專業意見，為消
除肺癆病作出努力。從資料上看，自周錫年等提出對抗肺癆病的工
作後，情況雖然在三十年代取得一定進展，有了改善，但卻未能根
治，肺癆病仍經常在社區出現，危害公眾健康。

香港重光後，由於移民再次大量湧入，人煙稠密自然不利傳染病的預防和控制，令肺癆病的散播更速更廣。數據顯示，1948 年時每 10 萬人中即有 108.9 人死於肺癆病，情況仍然極為嚴重，周錫年則與當時社會領袖如律敦治（Jehangir H. Ruttenjee）、[46] 顏成坤和胡兆熾等，合力創立了「香港防癆心臟及胸病協會」，為醫治及防止相關疫症邁出重要一步。

然而，問題並沒因此立即得到解決。到了 1950 年，政府公佈的數字更顯示，當時全港因患肺病死亡的個案計有 3,263 宗（以 1951 年的總人口只有 200.13 萬計，則每 10 萬人有 163.2 人）。以染病人數計，1950 年新增的肺癆病患有 9,267 宗，比率較 1949 年上升約二成多，若與 1946 年的數字相比，增幅更高達九成多，顯示情況不但沒有受控，還日漸惡化（《工商日報》，1951 年 5 月 2 日）。

由於醫治肺癆病的藥費昂貴，周錫年曾笑稱肺癆病乃「有錢人病」，因為「惟富人始能負擔治療費」，此點尤其促使周錫年四出奔走，一來向社會各界說明問題的嚴重性，並推廣預防方法；二來呼籲各方伸出援手，捐款創立專門防止肺癆病的醫院及療養院，讓社會大眾亦能像「有錢人」般獲得適切的醫治；三來建議殖民地政府撥出土地，興建肺癆病診療所，將資源集中投放，並指只有這樣才可更有效地解決香港的肺病問題（《工商日報》，1951 年 3 月 29 日）。周錫年的連番努力，終於促成了律敦治療養院、傅麗儀療養院和葛

46　據周錫年媳婦譚月清憶述，香港淪陷時期，周錫年曾多次救治被日軍囚禁在赤柱集中營且染重病的律敦治，令他不至於死在集中營中。為此，律敦治對周錫年十分感激，日後不但積極參與社會公益慈善，尤其大力推動防癆抗癆等工作，更為創立相關醫院捐出巨款，其中主要原因，乃周錫年遊說之故。

量洪醫院的先後設立，醫治肺癆病人和推廣防疫意識，則是這些醫院的主要服務範疇，香港的肺癆病日後才得以逐步受到控制。

在推動設立伊利沙伯醫院方面，擔任兩局議員期間，周錫年曾為籌建九龍半島的綜合大型醫院——伊利沙伯醫院——一事上作出不少努力。資料顯示，九龍半島自進入二十世紀以來，因為交通和基本設施不斷改善而吸引不少人居住，戰後人口聚集速度尤快，但長久以來卻沒有具規模及具現代化設施的醫院。四十年代末，周錫年已在多次立法局會議上提出政府必須提供相關醫院與病人數據，以便更好地規劃和應對，配合時代變化（Hong Kong Legislative Council, 31 March 1949 & 29 March 1950）。

到了 1952 年，時任港督葛量洪（Alexander Grantham）最終同意因應社會發展在九龍半島興建一家可提供一千張床位的大型綜合醫院（初期擬名為新九龍醫院，到 1963 年落成正式命名為伊利沙伯醫院）。周錫年則在立法局會議上一再要求當時的醫務衛生署長也是何東女婿的楊國璋，應與工務局攜手，確保工程順利進行及公帑有效運用，楊國璋同意並表示會向相關方向努力（Hong Kong Legislative Council, 27 March 1952）。不過，到該醫院投入服務後，周錫年、楊國璋，甚至是最高拍板者葛量洪均已卸任，不在其位了。

在抵抗貿易保護主義並推動香港工業發展方面，正如前文提及，香港工業界在五十年代末碰到歐美貿易保護主義抬頭時，曾向周錫年求助，周氏亦全力代為發聲，表達業界訴求，其中在 1959 年應中華總商會之邀發表講話，並清楚地表達了對香港工業發展的

支持（《大公報》，1959 年 12 月 2 日）。翌年 2 月，周錫年以香港工業總會聯會工作小組主席的身份，出席國際科學管理會（《大公報》，1960 年 2 月 13 日），宣揚香港工業產品的價廉物美。同年 3 月，中國罐頭會在港舉行南北食品展，[47] 在推動香港工業發展上表現積極的周錫年，自然獲邀出席，並講到自己亦常常購買罐頭食物。他指出：「中國罐頭合中國人口味……（我）便經常買這些罐頭寄給在英國留學的孩子」（《大公報》，1960 年 3 月 14 日）。在各種場合都落力為香港產品大做宣傳。

接着的 6 月份，香港工業總會成立，周錫年協助籌組工作，並獲推舉為主席（《大公報》，1960 年 6 月 8 日、11 月 23 日），為該會出謀獻策。到了 1961 年，當歐美的貿易保護主義氣燄更烈時，周錫年亦發表了更強硬的回應，對香港產品在當地受到限制一事大表不滿，認為本地廠商面對重重困難，建議政府應給予支持，協助港商（《大公報》，1961 年 3 月 30 日）。同年，他飛往舊金山參加國際工業會議，表達香港支持自由貿易，反對保護主義（《大公報》，1961 年 9 月 6 日）。可惜，與會的歐美代表只顧自身利益，完全不接納別人意見，周錫年自然亦無功而還。

雖然周錫年在服務社會和議政論政方面貢獻良多，但他的行政局議員任期畢竟受到限制。到了 1962 年，由於任期在 5 月份屆滿，不少社團及工商界人士深表惋惜，並致函要求港府向殖民地

---

47 這裏所說的「中國罐頭」，其實是指香港加工或生產的中國式罐頭食物，並非來自中國大陸的罐頭食物，因為當時香港仍受聯合國禁運的限制，不能從中國大陸輸入罐頭及生產材料。

部反映，挽留周錫年（《大公報》，1962 年 1 月 9 日、15 日及 23
日），港府亦表示會將相關意見向英廷轉達，但當然，去留之權非
在政府手上（《大公報》，1961 年 1 月 30 日、2 月 9 日）。大約三
個月後，殖民地部回覆港府，指英女皇未予批准，拒絕了周錫年延
續任期的要求。殖民地部解釋，指行政立法兩局採取「輪流方式替
換」，並指「終止議員之任命，並不含有任何特別用意」，又表示周
錫年仍可以個人身份「繼續為香港服務」（《大公報》，1962 年 5 月
12 日）。

　　雖然不獲延任行政局公職，但周錫年仍在抵抗貿易保護主義並
推動香港工業發展方面作出貢獻。舉例說，1962 年，倫敦的《經濟
學人》發表評論文章，直指香港紡織業大量向英國市場傾銷，影響當
地生產及就業。針對這種評論，周錫年曾在報上撰文反駁，指其分
析和觀點不盡不實，自由貿易有利各方參與者（《大公報》，1962 年
5 月 26 日）。

　　自六十年代起，歐美等國針對香港棉紡織品實施限制的聲音此
起彼落，身為工業總會主席的周錫年，無論接受傳媒採訪，或是致
函報章，均一再強調港府應採取政策協助業界，並向歐美國家表達
香港方面的立場（《大公報》，1962 年 3 月 22 日、30 日）。另一方
面，針對歐美市場所面對的問題愈趨複雜，周錫年提出應設立西歐
商務專員，並在歐洲設立獨立辦事處，統籌各項對歐政策，亦可加
強與歐洲各市場的關係。還有，他更鼓勵港商應注意質量的提升，
即「打鐵還靠自身硬」，藉此增加港貨的競爭力，抵抗保護主義（《大
公報》，1962 年 6 月 9 日）。

1963 年 4 月，工商業管理署（即日後的海關）派遣代表團赴歐，推廣貿易。周錫年出任團長，率領一班香港工商界人士出發（《大公報》，1963 年 4 月 8 日）。在歐洲期間，周錫年分別在盧森堡、法國、比利時、荷蘭、西德、意大利等地推廣港歐貿易，但強調「不乞求別人施捨」（《大公報》，1963 年 10 月 13 日、16 日、20 日、24 日）。同年 11 月 18 日，周錫年返抵香港後，發表了這次歐洲之行的見聞及觀察，提出一些提升香港貨品市場的看法，認為香港工業雖有隱憂，但若能提升品質，積極開拓新市場，前景仍有可為（《大公報》，1963 年 11 月 19 日、12 月 11 日及 1964 年 4 月 9 日）。

另一方面，周錫年又建議工業總會應支持小型工業發展，開拓新產品及新市場（《大公報》，1964 年 6 月 18 日）。由於周錫年在推動香港工業發展方面不遺餘力，到了 1966 年，他獲委任為貿易拓展局（即現在的貿易發展局）主席（《大公報》，1966 年 5 月 21 日），繼續為促進香港商貿發展作出貢獻。

當然，周錫年在議事堂內外對公共服務的貢獻，還包括如下眾多層面：一、敦促政府施行普及教育，救濟失學兒童；二、要求政府維護居民健康，在不同地區按需求設立不同診所和醫院；三、推行防疫注射，宣揚牛痘接種，並要求相關工作須便利市民；四、要求政府約束警察，在執行職務時應該便利市民；五、為了方便市民大眾休閒娛樂，海灘等公共空間應全面開放；六、經常為東華三院、保良局、防癆會、博愛醫院、樂善堂及各式各樣同鄉會、宗親會等籌款四出奔走，呼籲市民捐款，支持相關慈善公益活動。由此可見，周錫年對政府施政及社會問題都高度關注，亦時刻盡力出謀獻策。他公職滿身，

若用今日社會的術語，乃名符其實的「公職王」。[48]

　　周錫年雖以專科醫生身份議政論政，透過不同公職及服務為社會作出貢獻，但他仍能一心多用，同時參與家族生意及商業投資，而且表現同樣突出，獲利豐厚。這除了因為他頭腦精明、性格長袖善舞、家族資本雄厚，加上出身於商人家族，自小耳濡目染培養了經商的能力外，他及家族中人獲政府重用，能夠進入政治的權力核心，自然令他能夠左右逢源、順水推舟。正如民間諺語所言：「權力和金錢是一對雙生子。」意思是說有了政治權力，經濟和商業的活動或交易亦會隨之而來。以上的原因皆成為他在商界同樣吃得開的關鍵所在。

　　有關周錫年參與商業活動的努力，基本上可分為三大類。首先，是出任著名大型公司的董事。先後擔任立法和行政兩局議員的周錫年，自然因為其政治影響力和名聲，吸引商業機構的垂青。而周錫年為人和善，交際手腕靈活，更吸引了不少著名企業的目光，希望吸納他作為公司董事，為其所用。至於促使他開始擔任公司董事的事件，可追溯至 1949 年 2 月。當時，擁有包括製冰房、生產牛奶廠、養牛牧場，以及提供牛肉等多種服務的大型本地企業 —— 牛奶公司 —— 發生勞資糾紛，由於周錫年一向予社會大眾思想開明、率直敢言的印象，故工人主動向這位時任立法局議員求援，希望他代工人斡旋，為工人爭取應得的權益（《大公報》，1949 年 2 月 24

---

48 周錫年還先後擔任如下公職：工業總會主席、管理專業協會主席、生產力促進會主席、香港防癆會主席、中文大學聯合書院校董會主席、東莞同鄉會會長等等（《香港至德總會會所落成開幕紀念特刊》，1966）

1920年代的周埈年（前排左三）已嶄露頭角，常以社會精英姿態出席社交場合。

身為東華三院顧問的周錫年出席東華三院活動時攝

日）。而周錫年亦答允協助，並透過圓滑的手法展開了與牛奶公司管理層的交涉。

在深入了解問題始末後，周錫年並非像工會團體般從勞資矛盾出發，反而從老闆與夥計乃命運共同體的角度入手，既向牛奶公司的老闆和管理層說之以理，強調與員工分享成果才可減少矛盾紛爭；亦向員工動之以情，指出當時政經環境波浪巨大，經營困難，大家同坐一條船，應齊心克服困難。結果，雙方同意各讓一步，令糾紛順利化解，避免演變成大規模的工潮，公司的業務可以重回正軌。由於周錫年的談判技巧、領導及調解能力在事件中充分表現，故待是次糾紛平息後，牛奶公司立即向他招手，請他出任公司董事。這一事件亦成為他日後擔任多家大型公司董事的起步點。

就像滾雪球一樣，自從擔任牛奶公司的董事後，其他和周錫年有交往的大型公司及其老闆們，亦紛紛邀請他加入公司成為董事，希望透過他增加公司的名氣及公信力。一向處事圓滑的周錫年基本上是來者不拒，樂意為之。結果，他先後擔任了多家著名機構或大型公司的董事之職，包括香港大學、香港賽馬會、養和醫院、九龍巴士、其昌人壽水火險、大利連、年豐米行、惠康公司、遠東保險、九龍冰廠、堪富利士產業、會德豐紡織、海產食品等等（《香港至德總會會所落成開幕紀念特刊》，1966）。如此公司董事銜一籮籮，商業觸角遍及不同層面，在當時社會可謂一時無兩。

當然，周錫年所擔任的公司董事之職，有些屬「畀面派對」，掛名而已，不用參與實質事務或管理，但亦有部分公司他是掌有實權，需要親身參與公司管理。而他亦不吝心力，投入時間和精力，

發揮個人專長，例如出任香港賽馬會和牛奶公司的董事期間，他便
曾作出了重大貢獻，促使這些組織及公司在關鍵時刻有了巨大變革。

　　除出任大型公司董事外，周錫年亦與不少友人合夥生意，這
是他第二類商業參與。前文曾粗略提及，在推動消除肺癆病及各種
公益事務時，周錫年認識了不少社會精英，而他的能力在交往及合
作過程中逐漸得到肯定，故不少友人向他招手，希望和他結成合作
夥伴，實行「有錢大家搵」。例如在五十年代初，他與顏成坤、律
敦治、李耀祥、周耀年、李冠春等成立淺水灣企業有限公司，並因
周錫年從中爭取，才能成功獲得政府批出淺水灣 81,000 平方呎土
地，興建淺水灣泳場，作為上層階級的休閒娛樂場所。該泳場的設
施除了游泳設備，還有酒家及跳舞場地（《大公報》，1951 年 10 月
16 日）。

　　1952 年，周錫年又針對香港地狹人稠、房屋供應不足的問題，
與友人如顏成坤、李耀祥、馮秉芬、李福樹等合作，成立香港平民
屋宇公司，發展民營廉租屋，並獲政府廉價批出地皮。[49] 公司興建的
房屋租金低廉，切合普羅民眾的需要，有助紓緩當時十分嚴峻的房
屋問題（《大公報》，1952 年 5 月 4 日）。周錫年等人的舉動，其實
是嘗試以「公私合營」的方法，解決長期困擾香港的房屋問題，算是
開了風氣之先。

　　除此之外，周錫年還於 1956 年 11 月與友人余達之、龐鼎元、

---

49 由於平民屋宇有限公司當年的六名董事均有太平紳士名銜，故它興建的大坑西邨被當時
　人笑稱為「紳士樓」，與「平民屋宇」的名稱相映成趣，因此曾引起不少人的會心微笑。

龍炳棠等組成達通旅運有限公司。由於當時社會漸趨富裕，有錢人渴望外遊、見識世界，但提供相關服務的中介人卻欠奉，故公司主打「代客戶安排行程、購買旅票，以及購買保險等」（《大公報》，1956 年 11 月 20 日），頗受上流社會歡迎，周錫年因此搖身一變成為香港旅遊業先驅 —— 此點可能與他公私兩忙，時常要到外地考察業務或開會有關，他亦獨具慧眼察覺此商機，故成立公司方便自己之餘，亦能惠及同好。

　　第三是經營家族生意。在第二及第三章提及周永泰到港創業時，周氏家族便開始接觸銀行、航運、保險等生意，不過初期資本不厚，故公司規模不大，市場佔有率較低。不過這樣的背景已令其子孫認識相關行業的運作，也建立起一定的商業網絡，故能作為家族大展鴻圖的基石。到周錫年成為政治紅人後，機會自然不請自來。面對紛紛湧現面前的商機，周錫年亦積極把握，透過拉攏聯絡合作夥伴增加自己的資金，乘勢將家族企業規模擴大。

　　資料顯示，在五六十年代，周錫年從商的最重要舉動，首推於 1954 年與友人創立香港華人銀行，主打銀行借貸業務。他因身為牽頭人而擔任主席和總經理之職，長子周啟賢則充任副手，統管日常事務，其他股東則包括顏成坤、唐賓南、胡兆熾、勞冕儂、馬錦燦、許愛周、龐鼎元、曾紀華、陳弼臣等商界一時翹楚（The Hong Kong Chinese Bank Ltd., 1954）。

　　在開拓銀行業務之餘，周錫年還於 1955 年與多年好友龐鼎元合夥創立錫元公司，下轄錫元樹膠公司、錫元貨倉公司，經營樹膠和貨倉生意。單從「錫元」這個公司名稱來看，已可看到應是由周錫年

的「錫」字和龐鼎元的「元」字組合而來的特點，反映二人之間實在交情匪淺。該合夥生意雖曾有一番光景，但隨後則因兩人均碰到個人和家族問題而無法延續和發展下去，誠為可惜。

毫無疑問，一方面因為個人才華出眾，性格上又溫和可親、談笑風生，極善於交際，另一方面則來自大富家族，個人學歷和專業均十分突出，並有中西政商無遠弗屆的網絡，加上擁有行政及立法兩局議員的身份，1960 年後更有爵士和香港大學名譽博士等頭銜，周錫年自然成為當時社會炙手可熱的顯赫人物，人人均希望與他結交，政府亦極為重視。而周錫年充分利用了各種機會或際遇，在參與政治、服務社會的過程中，亦同時發展個人和家族的生意，因而書寫了一時無兩的偉大傳奇，成為不少人的學習和崇拜的對象。

絢爛走向平淡的紛爭未止

自進入七十年代，曾經叱吒一時的周埈年和周錫年，均因歲月不饒人而不再活躍。進入晚年的周埈年由於健康欠佳，自六十年代起多留在家中休養，已甚少在社交場合露面。而周錫年在 1962 年卸任行政局議員後，亦漸漸淡出香港政治中心，雖則如此，他的晚年卻過得並不平靜，紛擾甚多。

在周錫年擔任貿易發展局主席翌年，香港發生一場繼二十年代中省港大罷工之後更為巨大，且同樣受中國大陸政治浪潮牽引的社會震盪——「六七暴動」（另一說法是「反英抗暴運動」）。周錫年因與台灣一些國民黨人有交往，成為其中一個遭批評指摘的對象。不

過，由於他已退出政壇，故事件對他影響不大，他亦對指控置若罔聞，用「以不變應萬變」的策略避過這場風波。

　　1967 年，在暴動接近尾聲之時，其髮妻劉慶桂在 12 月 27 日因病去世，享壽六十四歲（《工商日報》，1967 年 12 月 30 日）。劉慶桂同樣出生富有人家，二人一起經歷人生順逆，對於相伴走過三十多個寒暑的太太突然離去，[50] 周錫年自是大受打擊，他和兩名兒子周啟賢和周啟邦皆十分悲痛。

　　至 1971 年 1 月 1 日，同樣為執業西醫，又與周錫年一同開辦診所的周煥年因病去世，享年六十三歲。[51] 想不到二十多天後的 1 月 27 日，周埈年亦壽終養和醫院，享年八十二歲。雖然周煥年的喪禮已甚隆重，但相對於曾有多項公職的周埈年而言，自然是小巫見大巫。在周埈年喪禮中，扶靈者分別有周錫年、關祖堯、羅理基、簡悅強、莫應基及盧義明。到場致祭者包括港督戴麟趾（David C. Trench）代表、華民政務司司長何禮文（David R. Holmes），以

50　劉慶桂生於廣州，其父乃越南華商劉兆卓，甚為富有，年幼時移居香港，畢業於聖士提反女子中學（何文翔，1988）。據譚月清和兒子周國豐憶述，劉慶桂當年吸引周錫年視線，是她的新潮和開放作風。某次在戲院看戲，周錫年抽煙時找不到火，同樣看戲且坐在他附近的劉慶桂則有火，且主動代他點煙，此舉令周錫年印象深刻，日後展開追求，並開花結果，結為夫婦。由於出生巨富家族，劉慶桂嫁給周錫年時獲父親贈予大量嫁妝，這些資產到劉慶桂去世時，其心目中的受益人雖是兩名兒子周啟賢和周啟邦，但卻交由周錫年管理調配，即是由他接收，納入其名下。可是，劉慶桂去世後，周錫年卻發展第二春，令其名下財產如何分配的問題生變，日後乃引出不少因爭奪財產而起的糾紛和官司（參考下一章討論）。

51　周煥年娶妻潘懿芳，育有二子（啟堅、啟瀛）一女（慕輡）。周啟堅是牙科及口腔醫生，曾任香港大學牙科學院副院長及香港牙科學會會長之職，乃牙科權威，育有二子（廷山、廷天）。周啟瀛早年留學美國，在佛羅里達州立大學經濟學畢業，繼而取得威斯康辛州大學管理學碩士銜，日後自立門戶，從事商業，育有一子（廷文）。

及不少社會賢達如鄧肇堅、何世禮、岑維休、何善衡、何賢、利國偉、馬錦燦等，至於送行者有多達二千人之眾（《華僑日報》，1971年2月1日）。

接連失去妻子、親弟及堂兄，相信一定令周錫年感到傷痛，也覺得能和他暢談交心的人愈來愈少。或許是為了排解寂寞，他開始了一段黃昏之戀。原來，退任多個重要公職後的周錫年，雖然不再如過去般活躍於社交場合，但仍有不少應酬，並因此結識了較他年輕近三十年的已婚婦人陳寶琦。[52] 本來，二人相戀雖說年齡甚有差距，但在古今中外並不罕見，理應問題不大，但後來卻因周錫年草擬遺囑，計劃將名下財產絕大部分贈予陳寶琦，引起家族內部矛盾，長媳及次子更採取法律行動，打算與父親對簿公堂，爭產官司一觸即發（《大公報》，1981年2月11日；薩奇，1981）。消息轟動社會，亦大大傷害了家人感情（相關事件在下一章將有進一步討論及分析）。

1972年，再發生了一件令周錫年大受打擊的事。由他出任董事局主席的牛奶公司，在收購戰中不敵置地公司而被吞併。這場「置地飲牛奶」的爭奪戰不但轟動當時社會，更成為香港商界及學界研究控股權爭奪戰的經典案例。原來，香港股票市場自1969年底遠東交易所（俗稱「遠東會」）創立，打破過去只由香港股票交易所（俗稱「香港會」）壟斷後，迎來了一個前所未見的急速發展期，不但企業上市者眾，市民把手上餘錢投放到股票市場的情況急增，連股票交易所

---

52 另一說指其英文名字為 Grace Chu，中文名字為「諸陳寶琦」（*South China Morning Post*, 10 January, 1979；薩奇，1981）。

也愈開愈多。到 1972 年底，政府宣佈不再容許有新交易所為止，香港已成立了四家交易所，除遠東會和香港會外，還有金銀交易所（俗稱「金銀會」）和九龍交易所（俗稱「九龍會」）先後創立，市場氣氛極為熾熱（鄭宏泰、黃紹倫，2006）。

在那個背景下，不少公司股票被熱炒，股價倍升，某些具發展潛力──尤其擁有大量優質地皮──的企業，自然吸引擁有雄厚實力的企業垂涎。而由於需要畜牧養牛來生產牛奶，所以擁有大片地皮的牛奶公司，便成為受到覬覦的目標。資料顯示，由英資龍頭巨企渣甸洋行掌控的置地公司，便相中了牛奶公司的巨大潛力，於是先人一步持續不斷地在股票市場中靜悄悄地吸納其股份，令牛奶公司股價節節上揚。當置地公司已擁有牛奶公司比例不小的控股權後，乃向它提出收購，其時出任牛奶公司董事局主席的周錫年以強硬態度回應，拒絕收購，並因此展開一場明刀明槍，以真金白銀作後台的控股權爭奪戰（鄭宏泰、黃紹倫，2006）。

1972 年 10 月 30 日，置地董事局在幾份中英文大報刊出「置地收購牛奶」建議啟事，宣佈以一股換二股的方式收購牛奶公司。周錫年在商討後作出回應，不但再次拒絕被收購，還私下動用個人關係網絡，例如找來世界聞名的歐洲大家族羅富齊公司（Rothschild & Co.）作財務顧問，亦成功拉攏華懋集團王德輝的資金支援，提出反收購，使牛奶公司的股價大漲，事件亦惹起社會注視，吸引不少傳媒報道。11 月 9 日，牛奶公司宣佈大股拆細，每股分為五股，然後每股派送一股紅股，即由一股變為十股（馮邦彥，1997）。接著的 11 月 13 日，置地公司發表啟事，極力拉攏牛奶公司股東加入置地，並稱「人盡皆知，荒山野嶺只能生長青草，絕不會生長盈利」，含蓄

地批評牛奶公司經營不善（《星島日報》，1972 年 10 月 14 日）。

牛奶公司雖然財力不敵對手，但仍堅拒置地公司的吞併，並向全體股東發通告，力圖堅持公司的獨立性，可惜最終也回天乏力，至 11 月 29 日，置地公司宣佈已擁有牛奶公司八成的股權，顯示這場收購戰大局底定。由於未能力挽狂瀾，令牛奶公司落入了置地之手，周錫年乃在 1972 年 12 月 5 日宣佈辭去牛奶公司董事局主席一職（《大公報》，1972 年 12 月 6 日），該職位後由凱瑟克（H. Keswick）出任（《星島日報》，1972 年 12 月 15 日）。置地僅以一個月時間便鯨吞了「牛奶」，雙方勝負分明。而多少有點「老貓燒鬚」的周錫年，似乎感到失意，自此之後更趨低調。

在「置地飲牛奶」一役中敗陣時，周錫年剛滿七十高齡，此點相信令他覺得要真真正正地退下火線，歸於平淡了。事實上，自 1973 年 3 月後，香港股票市場逆轉，爆發了戰後首場巨大股災，接着又有石油危機，而香港經濟和投資環境則在連番衝擊下掉進了嚴重衰退期（鄭宏泰、黃紹倫，2006）。在這種投資環境下，家族掌控或是擁有一定投資的華人銀行和錫元公司等，自然亦表現欠佳。

或者是受到企業經營差強人意的影響，加上家族內部關係有了重大變化，年紀已經不輕的周錫年於 1976 年突然中風入院，經連番搶救後，雖然生命無礙，但卻不能如過去般行動自如，日常生活都需要別人長期照顧。這一重大健康問題，自然又令他重新思考自己剩餘人生的定位，故他和親友的關係、公共事務及家族生意的參與都起了更大的變化。如在 1978 年，一生甚愛賽馬，曾出任香港賽馬會董事，並養有多匹為他贏得不少賽事的馬匹的周錫年，將名下馬

匹盡數出售，其中一匹愛駒「超越」據報道以 152,800 元轉售何墉康、王頌弢（《大公報》，1978 年 8 月 31 日）。售馬之舉不但引來馬圈內外的關注，亦反映他有意進一步淡出社交場合。

盡售名下馬匹後一年，長子周啟賢突然去世，白頭人送黑頭人，周錫年自然悲傷不已。接着的 1980 年 1 月 3 日，胞兄周耀年去世，享年八十歲（《星島日報》，1980 年 1 月 4 日）。至親之人陸續過世，噩耗接二連三，令中風後身體尚待復原的他情緒大受影響，健康情況更每況愈下。

不可不提的是，身為周卓凡二子的周耀年在專業上取得的成績，其實不亞於胞弟周錫年。他是香港第一代華人建築師，曾為香港設計無數建築物，分佈港九不同角落，例如中環中華總商會大廈與德昌大廈、銅鑼灣京華戲院、香港大學校長宅邸、香港中文大學崇基書院教堂、半山英華女校、掃桿埔東華東院、半山聖士提反女子中學、土瓜灣協恩小學等（吳啟聰、朱卓雄，2007）。有趣的是，周耀年的兒子周啟謙同為專業建築師，二人更合創「周耀年、周啟謙建築工程師事務所」，令業界或一般市民均津津樂道。

與周錫年不同，醉心建築專業的周耀年，一直對政治沒有太大興趣，為人亦較低調，加上沒如周錫年般長袖善舞，所以社會大眾對他的認識不深。但是，由於他在建築業界名氣很大，地位崇高，他的去世亦引起了上層社會的關注。在他的喪禮上，為他扶靈的便有馮秉芬、徐季良、胡兆熾、黃允畋、李伯達、梁肇漢等社會賢達，而到靈前拜祭送別者亦多達百人，可見他的社會地位不低（《星島日報》，1980 年 1 月 11 日）。

　　到了 1981 年，周錫年一家突然爆出爭產醜聞，周啟賢遺孀盧秀妍和周啟邦入稟法院，要求頒佈周錫年於 1973 年所立遺囑無效，引起了社會對家族內部爆發「爭產戰」的關注（《大公報》，1981 年 2 月 11 日）（參考下一章討論）。至 1985 年，爭產一事尚未有定案，周錫年已因健康惡化於 11 月 30 日在養和醫院去世，享壽八十二歲（《大公報》，1985 年 12 月 1 日）。家屬在香港主要報章刊登訃聞，下款除了內外子孫、媳婿等親人，還有誼女黃玉瑤、誼婿馬陳寧，但卻沒有陳寶琦的名字，此安排實在也不難理解。

　　一個星期後，周錫年於香港殯儀館舉殯。他生前的好友鍾士元、蔡永善、鍾逸傑、馮漢柱、馮秉芬、簡悅強、胡百全及安子介扶靈，港督尤德更在憲報上「刊出公告，對周錫年逝世表示深切軫悼」，家屬親友到場致祭者眾多，算是極盡哀榮（《大公報》，1985 年 12 月 7 日）。

　　在七十歲之前，體力充沛、熱愛工作的周錫年無疑叱咤四方，並長期成為社會焦點。可是，進入七十歲之後，一來健康日漸走下坡，體力大不如前；二來因「不在其位」之故，能夠動用的權力和資源驟減，所以令他無論在處理個人、家族或是企業等事務上，均出現了力不從心的情況，可能因此導致連番失誤，既未能如過去般能夠令複雜問題迎刃而解，某些失誤更誘發嚴重的家族矛盾與爭拗，令人始料不及。

《工商日報》有關周耀年喪禮的報
道，致祭者眾。

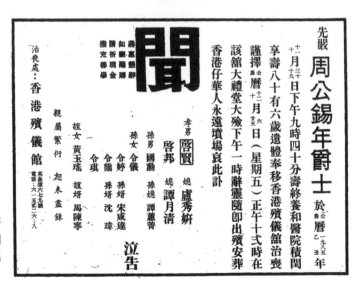

周錫年去世時
的訃聞，周國
豐的名字沒出
現在訃聞上。

結 語

　　家族故事和傳奇之所以令人預料不及，是因為發展總是起落跌宕，存在不少變數，禍福無常，並非個人主觀意願或努力可以轉移。以周埈年和周錫年為代表的第三代而言，人生路途同樣變化多端。周埈年大難不死，算是「有後福」，但若他在日軍侵略香港時不懂得「君子不立危牆之下」的道理，沒有及早離開避禍，則日軍治下難以保持清譽，可見他在關鍵時刻的去留抉擇，其實決定了他日後可以騰飛的高度和廣度，亦揭示命數運氣與個人作業之間，其實並非全無關係。

　　相對於周埈年，周錫年的人生事業可謂更為暢通無阻 —— 雖然日軍管治下曾令他失去一定自由，並遭遇不少困難，但因屬醫學專業，他可說是得到「特殊保護」，所以既可倖免於難，又可在治病救人中積累個人名聲與關係，凡此種種，均成為他日後能夠跨上另一更高台階的重要能量。儘管周錫年大半生都事事順遂，光耀四方，但想不到晚年卻出現反高潮：既有妻子、長子早喪之厄，又有本人中風，身體癱瘓、身不由己之苦，更有兒子與情人為爭逐家產瀕於對簿公堂之亂。前二者可說是天降之禍，半點不由人；後者卻源於他在妻子去世後不甘寂寞，掉進愛情迷陣，加上處理不善，才會種下此苦果，算是禍由己招。再一次證明命運與個人作業之間，真的存在某種不容低估的關係，讓我們在下一章再作深入探討。

第五章 安逸世代：

周湛樵、周湛煌與
周啟賢、周啟邦

引 言

　　周埈年和周錫年一代從人生舞台上落幕，標誌着第四代周湛燊、周湛煌、周啟賢和周啟邦走上前台，這種其實正是父死子繼、代代相傳的自然規律。若然用傳統社會的「富不過三代」標準，周氏家族沒有在第三代滑落、消散，反而更為顯赫，影響力更大，其發展格局與軌跡無疑算是打破了傳統固有的論述，發展經驗值得其他家族學習取經。雖則如此，在普羅大眾心目中，有了周埈年、周錫年一代打下的江山，尤其有了極為豐厚的人脈與社會網絡等支持，進入第四代、第五代，甚至俟後世代時，應該有更好的發展前景才對。不過世事往往難料，第四代的前進步伐卻跌跌碰碰，並不暢順，發展動力大不如前，甚至有家族成員因生意失利被迫清盤，家族發展似乎讓人覺得風光不再。

　　作為社會結構基本單位的家族，雖然支撐着社會發展，並決定了社會的肌理、脈絡和倫理道德，但又深受社會大勢、政經發展，甚至是自然環境所左右。相對於周埈年和周錫年的世代，第四代及俟後世代的社會，無論政經環境與物質條件，明顯均更為優裕，就算是法律保障與人身自由等等，均不可同日而語。可是，在這個看似更為有利的時代環境下，某些像周氏家族般本來擁有優厚發展條件的巨富家族，卻未能充分發揮，更上層樓，背後似乎又揭示了某些更為重要的發展因素未能有效配合，或是反過來說受到某些「發展瓶頸」問題的制約。到底是哪些外部社會或歷史條件窒礙了周氏家族的發展進程呢？本章讓我們集中於周埈年和周錫年兩房的發展，作出一些扼要探討。

周湛霖、周湛燊、周湛樵和周湛煌四兄弟

在 1925 年普慶坊災難中喪妻喪子的周埈年，逐步走出傷痛後，到了 1930 年左右續弦再娶，妻子梁彥玲生於 1911 年（*Who's Who in Hong Kong*, 1960），較他年輕十八年。梁彥玲過門後先後誕下四子一女，[53] 分別為周湛霖、周湛燊、周湛樵、周湛煌和周雲兒。由於諸子女乃周埈年續弦之後才出生，所以本來年紀較周錫年長十歲的周埈年，其子女的年齡反和周錫年的兩名兒子相若，甚至更小。

然而，周埈年子女的背景和經歷等資料甚少公開人前，這實與周氏一家權傾香港的背景不太相配。因為他們在社會上名聲響亮，既出任行政局議員，又擔任立法局議員，更擁有兩個爵士頭銜，子孫的行蹤或消息定會引起關注，報章亦應樂意報道，但周埈年的子女卻甚少見報，可說甚為特殊。究其原因，很可能是經歷嚴重災難的周埈年不想讓人知道家族事務，故運用了人脈關係，刻意隱藏他們的消息。正因資料缺乏，社會大眾對於這一房的發展進程或起落跌宕了解不多，因此難免產生如霧中看花的感覺或印象。

綜合現有的資料分析，周埈年傾注最大心力栽培的，應該是生於 1931 年 [54] 的長子周湛霖。不過正如前述，有關周湛霖的早期資料甚少，報章首次刊出他的消息，已是他中學畢業時的資料。據《南華早報》在 1951 年 9 月 16 日的一則新聞報道，周湛霖現身機

---

53 從《石龍周氏家譜續編》看，還有兩子早夭，其一名叫湛炘，其二名字不詳，這兩子在周湛燊和周湛樵之間（周植年，1989：9）。

54 根據周湛霖的訃聞，他於 1974 年 5 月 16 日病逝，享年四十三歲。按此推斷他生於1931 年。以年齡論，比周啟賢年輕（詳見下一章）。

場，正準備乘飛機往美國西雅圖，原來他已於華仁中學畢業，決定負笈海外攻讀牙醫專科，並獲著名學府華盛頓大學（University of Washington）取錄，故其親友前往機場送行。報道又指周湛霖在華仁中學期間，乃童軍團長（Scout Master），並指同樣在華仁求學的胞弟周湛燊，已獲選為新任童軍團長（*South China Morning Post*, 16 September 1951），帶有弟承兄職的意味。當然，周埈年身為英國殖民地政府的「兩局議員」，為何不把用心栽培的兒子送到宗主國接受大學教育，反而送到美國？是兒子堅持還是他另有考慮？值得深思細味。可惜由於資料不足，實在難以推測出答案。

到了 1952 年 9 月，即周湛霖赴美修讀牙醫一年後，其祖母 —— 即周埈年生母 —— 葉氏去世，享年八十八歲。周湛霖身為長孫，祖母去世理當回港奔喪，按傳統習俗和禮節擔幡買水，但他卻沒有回港，缺席祖母的喪禮。由於周埈年當時已貴為行政立法兩局議員，周湛霖的做法很容易受到非議指摘，甚至被視為「不孝」。不過周湛霖會這樣做，相信早已獲得周埈年同意。其中的考慮點，一方面是路途遙遠，另一方面自然是學業為重了，反映周埈年對學業的重視和對盡孝行為的理解。相似的情況其實遠在 1925 年亦曾發生，當年祖母李氏及伯父周少岐因災喪生時，正在英國深造的周錫年由於交通不便，趕不及回港出席喪禮。

同樣由於缺乏資料，故不清楚周湛霖留學數年間的表現或經歷。但無論如何，按推斷他在 1955 年左右應該學成返港，而且很快進入家族企業 —— 主要是全安保險、香港九龍置業按揭等公司。因為當時周埈年已年過六十，仍要兼顧行政立法兩會工作及管理眾多企業，正如俗語所謂「蠟燭兩頭燒」，顯然甚為吃力。故毫無營商

管理經驗的周湛霖必須盡快加入公司，掌握公司運作及經營之道，才能負起統領家族企業的工作，減輕父親的重擔，並為將來接班做準備。

　　周埈年次子周湛燊生於 1932 年 8 月 23 日，在華仁書院畢業後，考進香港大學讀建築系。之後再負笈英國，入讀利物浦大學，修讀城市規劃（*Who's Who in Hong Kong*, 1979）。學成後，周湛燊返港並旋即加入政府，任職建築拓展署，初期職位為建築工程師。到了 1960 年 8 月 4 日，周湛燊迎娶香港股票交易所主席莫應基女兒莫慧霞，婚宴在月宮酒樓舉行，筵開四十桌，到賀者眾、場面熱鬧（《工商日報》，1960 年 8 月 5 日）。周莫聯婚被視為乃「強強結合」，因為周湛燊的襟兄弟郭勤功乃怡和集團董事（《星島日報》，2001 年 5 月 9 日）。婚後的周湛燊和莫慧霞居於半山羅便臣 1 號的大宅，二人育有二子，是為周嘉弘和周嘉碩。

　　由於具有良好家庭背景，又屬工程專業，周湛燊後來獲推薦成為共濟會（Freemason）成員，對會務及活動表現積極。在建築拓展署內，一來工作表現突出，二來有雄厚社會資本，他的仕途可謂甚為暢順，逐步由工程師攀升至部門主管，然後是助理署長、副署長，並於 1984 年登上建築拓展署署長高位，兩年後的 1986 年則轉任屋宇地政署署長。到了 1989 年，周湛燊年屆五十五歲退休，享受另一種休閒自在的生活，並曾出任香港賽馬會、房屋委員會、香港大學校董會及舊生會、獅子山學會、紅十字會等組織的管治委員會委員。可以這樣說，無論在行業中或是社會中，周湛燊均做出亮麗成績，並擁有不少影響力，甚有乃父「公職王」的遺風，名聲響亮。

　　相對於兩位兄長或其胞弟，約生於 1940 年的周湛樵，[55] 性格似乎較為反叛，不愛讀書，與父親周埈年一生總是手不釋卷的性格可謂截然不同。正因如此，周湛樵常招父親責罰，並被安排入讀赤柱聖士提反中學過寄宿生活。他回憶時說：「以前細個唔聽話，就被老頭子罰跪祖先跪到天光，但通常跪到半夜，阿媽和姑姐就偷運我哋出去瞓覺。老頭子通常都隻眼開隻眼閉」（《壹週刊》，2002 年 11 月 28 日）。

　　在港完成中學課程後，周湛樵應是不願繼續升學，於是於 1962 年加入警隊，成為一名見習交通警員。在那個「好仔不當差」的年代，尤其出身於一個名聲顯赫的大家族，他的選擇在父親和長輩眼中顯然並非理想出路。擔任警察期間，周湛樵曾獲部門推薦往英國接受處理火藥及爆炸品的訓練，提升專業技能，因而令他在 1967 年香港社會出現巨大震盪時被派上前線，應對暴動亂局，而他更曾與死神擦身而過。

　　據他本人憶述，1967 年那場嚴重社會動盪發生期間，社會治安不靖，甚至曾經出現「遍地菠蘿（炸彈）」的情況。身為警察且曾受過處理爆炸品訓練的周湛樵，自然常被派遣到那些有爆炸品出現的地方執勤，經他處理的炸彈便多達四十二個，而其中一次執勤時遇到「炸彈爆炸，碎片插滿雙腿」，剎那間可說是「險死還生」（原文如此，應是「險象環生」之筆誤），令他至今仍對那幕情景歷歷在目（《蘋果日報》，2006 年 5 月 16 日）。

---

55 在周湛桑和周湛樵之間，其實還有兩名兄弟，惟這兩人均年幼早夭（周植年，1989）。

有了穩定工作和事業後的周湛樵，應在六十年代末迎娶劉氏為妻，在羅便臣道 1 號築起他們的小家庭。劉氏乃龔仁心太太劉元春的姐姐，周湛樵與龔仁心因而成了襟兄弟，築起了人脈網絡。周劉兩家的結合，在某個角度看，亦是「強強結合」，相信對周湛樵日後在事業上的發展亦有幫助。至於過門後的劉氏，則與周湛樵育有一子（周嘉豪）三女（周穎裘、周穎芬、周穎芳）。

以年齡論，作為周埈年么子的周湛煌，約生於 1950 年（《明報》，2008 年 8 月 12 日）。他的年紀與三名兄長差距頗遠 —— 與長兄周湛燊相差近十八年，就算最接近的三哥周湛樵亦有十年。而且當他出生時，父親周埈年已年近六十歲了。周湛煌與周湛樵一樣被父母送至赤柱聖士提反學校讀書，過寄宿生活。據說，父母這樣安排是希望他學懂不依賴別人，並能自食其力。惟這樣的生活背景，相信令他與兄長之間的感情和關係並不親密，甚至頗有隔閡（《星島日報》，2002 年 9 月 17 日）。

1966 年，周湛煌完成中學課程後負笈英國，入讀倫敦 Regent 理學院，主修商業經濟。到了 1971 年，可能因周埈年去世之故，周湛煌返港，結束了留學英國的生活，踏上人生與事業的另一征程（何文翔，1988；盧永忠，2003；參考另一節的討論）。1997 年，周湛煌結束王老五的單身生活，與同樣來自大家族的徐六瑩結婚，兩人育有一子（周嘉康）一女（周穎夷），並在羅便臣道 1 號上築起屬於他們的小家庭，同樣樂在其中。

除了以上談及的四子，有關周埈年女兒周雲兒的資料便更加欠缺了。從周埈年去世時的訃聞，以及眾子女的排位來看，周雲兒可

能年紀較周湛樵長而較周湛燊幼，即應在這兩人之間。她長大成人後，嫁夫高偉文，育有二女高敏華和高敏賢。周雲兒一向低調，和丈夫高偉文一樣都不好出風頭，生活自得其樂。據說，他們在八十年代移民美國（《壹週刊》，2002 年 11 月 28 日）。由於我們對他們的遭遇和故事了解不多，自然更難釐清周雲兒在家族內的貢獻及所扮演的角色了。

　　對於四名兒子的教育和事業，周埈年似乎早有定案：長子統領家族企業，其餘諸子各自發展自己的專業或事業。周埈年三子周湛樵在一次接受記者訪問時這樣說：「我哋（我們）細個時，阿爸已講明，家族生意係留畀（給）長子嫡孫。」因此二子周湛燊、四子周湛煌和他「自少便知要另謀出路，所以二哥湛燊成為工程師，他選擇當差（警察），湛煌則自行創業」（《壹週刊》，2002 年 11 月 28 日）。

　　可惜，計劃趕不上變化，周埈年人算卻敵不過天意，周湛霖於 1974 年英年早逝，原本的傳承接班安排頓成泡影。在 1974 年 5 月下旬，周湛燊、周湛樵及周湛煌聯名在中英文報章上刊登訃聞，[56] 沉痛表示周湛霖於 1974 年 5 月 16 日病逝於嘉肋撒醫院，享壽四十三歲（*South China Morning Post*, 17 May 1974；《華僑日報》，1974 年 5 月 17 日）。惟周湛霖到底何時生病入院、纏綿病榻多久、又因何病離世等訊息則全沒透露。周湛霖的早逝，大大打亂了原來的接班計劃，因而窒礙了家族和企業的發展。

---

56 從訃聞由三名胞弟發出，沒有列出妻妾子女後代看，去世時已年過四十歲的周湛霖應該仍是單身一族。在那個傳統氣息仍濃厚的年代，加上他身為巨富家族長子，負有繼承重責，一直不婚的情況甚為特殊，亦耐人尋味。

由於曾經歷大災劫，周埈年對於子女的期望與人生應有其獨特的看法。最明顯是他相當保護子女的私隱，刻意不讓子女曝光，維持低調免出風頭。這可能與他一貫的性格有關，亦可能是他不強求子女要出人頭地，只需專注過好每一天。另一方面，除長子按傳統要接管企業外，其餘眾子有很大自由選擇自己的道路，甚至當三子選擇警察這份極危險、又被當時社會視為不理想的工作時，周埈年亦沒有盡全力阻止 ── 雖說他已非尊貴的議員，但相信仍有能力透過人脈關係令兒子當不成警察。

此外，由於周埈年年紀相當大才有兒子，故到子女出身時，他應預計自己已不再年輕，甚至已退出政壇、失去權力，所以未必能在子女投身社會時，從心所欲地給予助力。正因如此，其子女 ── 尤其年齡較幼者 ── 必須自力更生，獨立面對人生，憑個人努力闖天下；故年幼的子女有點像尋常百姓的孩子，只能「田雞過河，各有各撐（努力）」，以實力爭取成績，難靠父蔭，或者可以說，父蔭助力已大不如前。

周啟賢和周啟邦兩兄弟

相對於周埈年及子女的低調，堂弟周錫年則是高調行事。無論他參政議政、出席社會公益活動等，對傳媒的態度都是來者不拒，甚至是子女的一舉一動他亦毫不避諱，樂於公諸同好，與人分享。有點像今天社會上不少家長般，愛將子女日常瑣事或成就一一上載到社交媒體，藉以贏取別人「點讚」，吸引公眾注視。由是之故，在搜集資料時能找到較多記述，因而能對周啟賢和周啟邦兩兄弟的成

長事跡有更多了解。

雖然周埈年較周錫年年長十歲,但二人子女的年紀則粗略相若,有的甚至遠較周啟賢兩兄弟年輕。例如,周啟賢和周湛霖年齡相若,周湛樵和周湛煌則應較周啟邦年幼。資料顯示,周錫年約在1925年底學成返港,然後在1926年底和越南富商劉兆卓女兒劉慶桂結婚(何文翔,1988),婚後一年左右的1928年誕下一子,是為周啟賢,相隔六年的1934年,再誕下二子周啟邦,可見周啟賢和周啟邦兩兄弟年齡亦頗有距離。

1941年香港落入日軍之手,日治期間香港生活條件惡劣,人身安全沒有保障,澳門則相對和平。故當時除周埈年避走澳門外,兩

周錫年與劉慶桂結婚時攝,那時屬於極新潮的婚禮。

房的子女亦一度被送到澳門避難。當時周啟賢已經十多歲，他在澳門生活求學期間，結識了出身自澳門大家族的盧秀妍，她乃扎根澳門的盧九家族成員。二人在澳門為同學，青梅竹馬，一起生活、一起成長，因而締造了日後一段同樣被視為「強強結合」的大好婚姻。

捱過黑暗歲月，重獲和平後，那時已年過十七歲的周啟賢入讀廣州嶺南大學。但在該校只讀了一年多，1947 年由於獲校內一名美國教授賞識，當那位教授在美國俄亥俄州丹尼森大學（Denison University）找到更好的教席時，他鼓勵並協助周啟賢入讀該美國大學，周啟賢當然把握機會轉到海外繼續學業，並修讀經濟和商業管理。隨後，與他青梅竹馬的盧秀妍亦在家人安排下負笈美國深造，並同樣入讀丹尼森大學，兩人再次成為同窗，而她修讀的則是心理學。

完成大學課程後的五十年代初，周啟賢在父親安排下到滙豐銀行工作，因為那時周錫年正綢繆發展銀行生意，有意先讓長子了解銀行業運作，為家族事業的發展鋪路。在滙豐銀行接受培訓期間，周錫年又作出了新安排，要周啟賢前往英國中廟（Middle Temple）法學院，修讀法律課程，爭取法律資格。攻讀法律期間的 1952 年，周啟賢和盧秀妍在英國結婚，一年多後生了長女周令儀。[57]

1956 年，周啟賢取得法律專業資格後，隨即與妻女返港，但沒有走上執業律師之路。因為周錫年已在 1954 年創立了華人銀行，並

57　日後，周啟賢及盧秀妍再誕下一子（周國勳）三女（周令婷、周令熊、周令琪），小家庭成了七口之家，相當熱鬧。

周啟賢結婚時一家人合照

於翌年開業，那時全面投入業務後急需幫手，周啟賢自然成為父親
最信任及依賴的對象。周啟賢返港後亦順理成章地加入香港華人銀
行，主力開拓業務，職位由剛加入時的見習經理，在經過一段時間
摸索後逐步提升至副董事長兼總經理，統領銀行的主要業務。

　　在周啟賢主力打理下，華人銀行取得不錯的發展。最能說明的
一些數據，無疑乃銀行的員工數目和分行數目。簡單地說，自 1956
年加入銀行至 1979 年的 23 年間，華人銀行員工由創行時不多於 10
人，上升至 1979 年多達 270 人；銀行分行分佈方面，由創行時只
有位於德輔道中 61—65 號的總行，先後創立了六間分行，基本上
覆蓋了港島和九龍多個重要地點——銅鑼灣、荔枝角、深水埗、筲

箕灣、大坑西、油麻地（《香港華人銀行有限公司年報：1979/1980
年》，1980）。以上兩項資料說明，在周啟賢的主力開拓下，華人銀
行發展不錯，已成為當時香港一家中等規模銀行。

周啟賢接掌打理華人銀行業務期間，在香港政經界仍具深厚影
響力的周錫年，自然會大力替他修橋搭路，打通人脈關係。周錫年
除協助他建立在金融銀行業的江湖地位、積累能量外，還積極推薦
他參與政治和社會團體。在父親大力栽培下，周啟賢亦投身多項公
職，其中較受注目的，包括政府獎券委員會主席、公共交通諮詢委
員會委員、英國銀行學會會員、東華三院和保良局顧問、中文大學
崇基書院校董會校董、華人留英同學會會長等。顯然，父子二人都
明白到政治能量乃財富地位的好夥伴，故周啟賢自投身社會後，便
不斷拓展個人網絡，積累資本和知名度，以便日後可走上更高的社
會台階，甚至如他父親般獲吸納入政府核心，成為新一代華人領袖。

由於年齡和時代背景的差異，周啟邦的成長和教育之路和兄
長略有不同。香港重光一年多後，升上中學的周啟邦被父母送到英
國讀書。有趣的是，他與兄長一樣，也有一位自小經常玩在一起、
日後結為夫婦的青梅竹馬，那便是九龍巴士創辦人之一譚煥堂的女
兒譚月清。由於譚月清年紀輕輕時亦在父母安排下到英國求學，故
二人經常有機會接觸相處。而身在外地，相熟的朋友不多，加上二
人均曾表示不太喜歡結交當地異性朋友，他們的交往自然變得更密
切，最終發展成為戀人。相信這亦是雙方父母預期並樂見其成之事。

中學畢業後，周啟邦不負父母栽培和期望，成功考入劍橋大
學，修讀法律，並選擇了事務律師的專業方向。譚月清亦成績突

在英留學時期的周啟邦迎接聖誕節　　周錫年與兩子在英國與友人合照
的喜悅

周啟賢夫婦與周啟邦夫婦成雙成對一起外遊合影

出，入讀中廟法學院，並挑選了大律師的專業方向。由於法律課程的功課十分繁重，資格考核與審批又極為嚴格，兩人在攻讀期間可謂甚為辛苦；他們最終不負所望，通過了資格考試，獲得法律專業資格。完成學業後，二人在雙方家長祝福下結為夫妻，在英國舉行婚禮，共組小家庭。而二人的婚姻當然同樣屬於「強強結合」了。

1960 年 7 月，周錫年獲英女皇頒授爵士勳銜，喜不自勝。為了隆重其事，周錫年乃攜同太太及長子周啟賢、長媳盧秀妍前往倫敦，會合在那裏生活已有一段不短時間的周啟邦夫婦，然後一同出席在白金漢宮舉行的英女皇授勳儀式，見證盛事（*The China Mail*, 13 July 1960）。之後，一家人在英國遊歷了一番，享受難得的悠閒共處時光。

作為父母的周錫年和劉慶桂，自然希望周啟邦和兒媳譚月清可以一同回港，一家人共聚天倫，故在旅程中曾向他們提出返港的要求。但一對新婚夫婦不太願意，寧可繼續留在英國，享受自由自在的二人世界。直到 1963 年，他們才在父母一再催促和要求下返港。由於周錫年和劉慶桂傳統觀念濃厚，仍渴望五代同堂、子孫共居，所以要求周啟邦和譚月清回克頓道的大宅居住，二人起初亦接受了父母的安排。

由於對經營生意缺乏興趣，加上家族生意在兄長周啟賢打理下亦穩健發展，周啟邦和譚月清決定不加入家族企業，選擇另闢蹊徑走自己的專業之路。他們返港後立即申請執業，並於同年（1963 年）的 6 月 1 日，獲高等法院確認其執業事務律師和大律師的資格，而他們「乃香港首對同時獲法律資格的夫妻」（*South China Morning*

Post, 2 June 1963）。獲得確定執業資格後，周啟邦旋即籌備自己的律師事務所，並於 1964 年開設了「周啟邦律師事務所」，有了自己的一門生意。譚月清則加入了法律界殿堂級人物、御用大律師（現稱資深大律師）張奧偉的律師樓，初時自然作為見習。

當工作穩定下來，周啟邦夫婦便開始尋求搬離大宅，組織二人家庭。原來二人返港後，在父母強烈要求下入住位於克頓道周錫年夫婦的大宅，與父母、兄長一家共居上址。雖說那大宅的居住面積很大，有足夠空間讓各人舒適生活，但一家人有老有嫩，同居共住始終會因生活習慣不同產生很多矛盾，需要互相遷就。而周啟邦和譚月清一向愛自由，且有其獨特的生活方式，始終無法適應大家庭的熱鬧。於是在同住大約半年後，他們向父母提出要求，要搬出去過自己的生活。

對於這一要求，劉慶桂自然十分不願意，並一如普通家長般要求年輕兒子和媳婦忍耐包容。惟年輕人總有不願屈服的性格與執着，所以最終周錫年夫婦只好退讓，由他們「自立門戶」。對於當時的事情發展，譚月清回憶時這樣說：

> 婆婆（因我們要搬出去）哭了兩天，不願意我們搬出去，可是沒有辦法，我們真的不習慣跟那麼多人一起住。真的不習慣跟我家婆、周啟賢、他們的子女等同住。公公人也很好，顧念我們剛回香港沒有能力買房子自立門戶，所以就把他在麥當勞道的一個物業借我們暫住，很大的一間房子，有四個房間……（譚月清訪問，2013 年 5 月 30 日）

　　即是說，敵不過周啟邦和譚月清要搬出去的堅持，周錫年只好將名下單位交給兒子作為居所。可見大富家族總是有更多資源和彈性，能因應子女的不同起居生活需求，提供最適切的支援和配合。事件同時反映了周錫年夫婦愛子心切，當子女「忤逆」自己的意思時，非但沒有將其「掃地出門」，反而「顧念」他們能力不足，為他們設想籌謀，就如今天年輕人透過「靠父幹」的模式（由父母付買樓的首期甚至代子女供樓）置業。

　　當周啟邦和譚月清搬離克頓道大宅，過着逍遙自在的二人世界生活後，早年證實患上嚴重肺病的劉慶桂健康日見惡化，儘管屢聘名醫治療，卻未能扭轉病情，並於 1967 年 12 月底病逝。周家上下傷心不已，但他們一定想不到，家人關係會在不久後因失去這位女家長而嚴重變化，牽動了家族日後的發展脈絡與肌理。

　　對於劉慶桂的去世，影響最大、感受最深的定必是周錫年。所謂「少年夫妻老來伴」，當時他退下行政立會的職位不久，不再如年輕時整天充斥着工作，正有空閒時間多陪陪家人，想不到妻子卻先自己一步離世。至於兒子及媳婦亦各有所忙：長子周啟賢因為肩負起華人銀行的發展重任，要日以繼夜地工作，絕大部分精力已投入其中；媳婦盧秀妍要教育及照料五名年幼子女，亦需花巨大心血，無力兼顧其他；而周啟邦夫婦已搬離，又慣了逍遙自在，加上正起步打拼事業，故未必能體會父親喪妻後的心境。

　　結果過去一直精力無限，且曾叱咤一時的周錫年頓時成了孤家寡人。在這個面對巨變而心靈特別脆弱的時刻，若出現一位願意關心和照顧他，為他排解寂寞的人，自然會立時成為他心中的重要人

物。可惜這個新人物的加入，令周錫年的人生出現變調，不但令他晚年未能得享安樂，更影響了家族和企業的發展，尤其牽引出連番家族矛盾與爭拗，相信是他始料不及的。

與災難擦身而過

　　家族成長或前進路上總沒可能無風無浪、沒有挑戰，天災人禍很多時更會在不知不覺間降臨，令人措手不及，如在本章「周湛霖、周湛燊、周湛樵和周湛煌四兄弟」一節曾提及，周湛樵在 1925 年的人禍中幾乎喪命一事，相信已令他及家人冷汗直冒。至於天災的威力，更讓人無從抵抗。事實上，對於天災的巨大打擊或傷痛，周氏家族無疑感觸良多，因為 1925 年夏季由於連日豪雨引致香港歷史上死亡人數最多、破壞力最為巨大的普慶坊山泥傾瀉，令周少岐一房幾乎滅絕的慘劇，肯定仍記憶猶新。

　　大約五十年後，同樣是夏季的連日豪雨，同樣在鄰近事發區域正在進行建築工程，同樣在陡斜的山坡上，與普慶坊只有一箭之遙（相距不足半英里）的半山寶珊道，一個背山面海、環境優美且吸引無數巨富家族居住的地區，[58] 爆發另一場香港災難史上死亡人數第二多、破壞力同樣巨大的山泥傾瀉。而當時周啟賢一脈近十口人，[59] 正居住在寶珊道 12—14 號寶城大廈中（因為英文名稱為 Po Shan

---

58　在該區居住的有李福樹、孫桂權、簡悅強、利國偉、列顯倫等，這些人日後成為名揚海內外的社會精英與業界領袖。

59　其實當時在那裏居住的，還有周錫年的紅顏知己陳寶琦，她應住在 B-17 室，詳見本章另一節的討論。

Mansion，所以常稱為寶珊大廈）。

1972 年夏天，香港進入多雨季節，這年尤其來得特別早，因為自 4 月初起，便常下大雨，而與寶城大廈相去不遠、界乎干德道與寶珊道之間的山坡正進行建築工程，計劃興建多層大廈。工程進行的 4 至 5 月間，已因種種原因發生多次程度不一的山泥傾瀉事故，寶珊道路面更曾出現裂痕，例如寶珊道上的李福樹大宅，便因突現裂痕促使李福樹要親自致函政府相關部門投訴，反映問題並要求跟進。但眾多問題與投訴，似乎仍未令政府警覺正視，所以並沒及時採取相應措施，作出有效跟進。

到了 6 月 16 日，豪雨更是下個不停。當天，港島寶珊道 8 號已因雨水不斷洗刷，令山坡出現水土流失，引發局部山泥傾瀉，堵塞了寶珊道 21 號地段的道路，令人和車均沒法行走，而該道段的路面中央位置，更出現明顯裂痕，寶珊道 21 號上的車房和花園草地，尤其出現多處巨大裂痕，相關部門雖在市民報警後前往查勘，了解情況，卻未能採取措施修補（《一九七二年雨災調查委員會最後報告》，1972：17-18）。

翌日，豪雨仍然沒有間斷地不停下着，更多地方出現山泥傾瀉，建築地盤四周築起的竹棚和鐵皮上蓋，更有不少部分已被山泥沖走。為此，政府曾派人視察，並勸喻居於出現嚴重山泥傾瀉地點附近的市民——尤其建築地盤側的年豐園居民——離開寓所。但由於並非強制性疏散，用詞亦並不嚴厲，所以聽從者不多。

到了 6 月 18 日早上，雨勢更大得驚人，寶珊道 21 號地段的

裂痕進一步擴大，較早前已出現下陷的車房，這時下陷情況更趨嚴重，政府相關部門在了解後一再勸喻周遭的居民撤離。到了下午 5 時許，又發生大幅山泥傾瀉，泥石流沖破了旭龢道 11 號（干德道和旭龢道之間）的石壆，並引致鄰近多幢大廈電力中斷，居民亦被迫離開（《一九七二年雨災調查委員會最後報告》，1972：19）。

到了晚上 8 時 50 分左右，夜幕低垂而暴雨仍然持續，千家萬戶已亮起燈火，不少家庭都在準備或正在晚飯，卻突然爆發更大規模的山泥傾瀉。一開始，寶珊道 8 號山坡的山泥大面積鬆脫，大量山泥和巨石連同雨水沿陡峭的山坡直沖而下，沖過寶珊道路面，淹沒早前已經下陷的 21 號車房，並將本來相連的花園草坪劃開。山泥去勢未止，繼續奔流而下，掠過年豐園西側，吞噬建築地盤後進入干德道，淹沒了孫桂權醫生的房屋（《一九七二年雨災調查委員會最後報告》，1972：19-20）。

不但如此，大量山泥再越過旭龢道，正面撞向旭龢大廈（位於旭龢道 38—40 號），將整座大廈撞至脫離地基，令其「朝着海港傾倒，同時約在一半高度處分裂」—— 即整座大廈倒塌，而倒塌的情況則「好像一個人跪下，然後向前傾仆」，並撞向附近一幢仍未入伙的新建大廈（羅便臣道 125 號翠景花園第四座 H 段），整座旭龢大廈瞬間「變成殘垣碎瓦」。這場巨大災難，據估計僅「歷時七至十秒鐘」（《一九七二年雨災調查委員會最後報告》，1972：19-21），卻導致六十七人死亡、二十人受傷，財產損失無數。這便是香港歷史上著名的「寶珊道慘劇」（一九七二年雨災調查委員會最後報告》，1972：19-20）。

慘劇發生當日適逢父親節，住在寶珊道 10 號 6 樓的周啟賢一向重視家庭，與子女關係親近，當天亦留在家中享受天倫之樂。周啟賢居住的寶城大廈居高臨下，既可遠眺維多利亞港景色，亦可看見近在咫尺的旭龢道，而他好友簡悅強的房子正位於旭龢道上，早前被山泥傾瀉弄斜，故他們一直在注意該幢樓宇的情況。

山泥傾瀉發生之時，盧秀妍正在廚房裏準備，希望讓家人享受一頓暖入心窩的晚餐。她這樣憶述山崩地裂的一剎那：

> 我們遙望簡悅強的屋子（簡氏屋子早前給山泥沖着，斜了），因為斷電了。晚上八點多的時候，我們看到對面的大廈有燈光，當時正值晚飯時間，我在廚房，三女兒跟啟賢在陽台看着對面。突然四周一片漆黑，三女兒大哭，我去看看她發生了甚麼事，她哭着說沒有了、沒有了，那棟房子倒塌消失了。當時我覺得難以置信，向她確認那裏是否真的有一棟房子。後來樓上有人告訴我們，那棟房子真的倒塌了。（盧秀妍訪問，2013 年 5 月 30 日）

在巨大災難面前，很多人都會因事出突然而被嚇呆，不知所措亦難以反應過來。距災難已過近半世紀後的盧秀妍，回憶時仍猶有餘悸，覺得難以置信，並續說：

> 當時不知道該不該撤離，因為我們的房子也有危險。山泥傾瀉在左邊開始，繞過我們的房子殃及旭龢道，先摧毀了一棟房子再禍及旭龢道，然後才摧毀了那棟大廈，恰好是財政司家旁邊的那棟房子。（盧秀妍訪問，2013 年 5 月 30 日）

　　驚魂甫定後，才想到要逃離災場的問題，至於家族的人脈關係，則成為協助或向他們伸出援手的關鍵。她這樣說：

> 我們這群太太，當然贊成離開現場，只帶備了重要證件，就打算離開，當時有位香港大學教授 McPherson 教授，他邀請我們到他的家借宿一宵。因為當時道路全都封住，連中環也去不了，那天我們一行十多人前往教授家下榻，我帶同其他家庭的成員，連同小孩子一起睡在地上，那個教授為人已經算很不錯了。翌日我們去了希爾頓（酒店）。因為香港發生了大災難，所以希爾頓特別為受災災民提供七天免費住宿，我們就在希爾頓住了七天，費用全免。利國偉也住在寶珊道那兩座，我們是 B 座，他們是 A 座，他住的樓層比我們還高……（盧秀妍訪問，2013年 5 月 30 日）

　　就這樣，周啟賢與盧秀妍一家，甚至是陳寶琦等，渡過了災難驚心動魄的一瞬，相信令他們深深感受到死神擦身而過的毛骨悚然、一身冷汗。可以毫不誇張地說，只要山泥傾瀉的方向或山坡裂痕的位置稍微有改變，周啟賢、陳寶琦等的遭遇，必然如 1925 年時的周少岐一房般蒙受災劫，隨後的命運與前進軌跡肯定截然不同，家族的歷史亦必然改寫。

兩房長子猝死的衝擊

　　七十年代發生的不少事件，均對周埈年和周錫年兩房帶來巨大衝擊。其中，被父母栽培為家族企業接班人，寄望他們能帶領家族

生意更上層樓的核心人物——周湛霖和周啟賢——突然因病去世，不但打亂了家族的接班大計，亦窒礙了家族企業前進的步伐，令本來有不錯發展勢頭的家族和企業，出現了方向性逆轉，發展大受影響。惟這種核心接班人突然去世之事，實在又非個人主觀意志所能轉移，所以總會令人有徒呼奈何之嘆。

先說周埈年一房。1969 年 5 月 31 日，周埈年立下了行文十分簡單的中式遺囑，委託妻子梁彥玲、長子周湛霖和次子周湛燊為承辦人，除指明給予妻子每月 1,000 元生活費外，規定遺產由四名兒子均分（Probate Jurisdiction, Grant No, 376 of 1972, 1972）。

進一步資料顯示，1971 年周埈年去世時，遺產雖然由諸子均分，但企業則由長子全權負責領導，亦曾部署連串的接班安排。可惜的是，在他離世不足三年後的 1974 年，一直被栽培為接班人的周湛霖突然因肝病去世，享年只有四十三歲。這一變化把家族殺個措手不及，必須作出重大人事與發展策略的調動。相信經過一輪商議後，最終決定將打理家族企業的重擔，交到過去從未參與、甚至沒有想過要負責家族企業的周湛樵手上，當時周湛樵已憑自己在警隊中的表現升至督察，但亦只好辭職接手家族生意。周湛樵表示由於自己很喜歡「當差」（做警察），故在辭職後仍利用空閒時間當輔警。對於那時的轉變，周湛樵這樣說：

> 我記得我離開警隊時，人工是二千五百五十元，[60] 當時每個差館只得一個督察咋！不過，冇辦法啦！阿哥是專業人士，唔做浪

---

60 此點尤可說明周湛樵加入警隊時，待遇並不很吸引，所以地位不高。

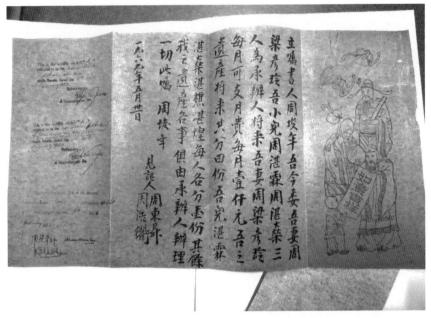

周埈年遺囑。雖然乃大律師，又曾留學英國，周埈年以中式書寫遺囑，別有意義。

費一點；細佬仍在讀書，[61] 唯有我接啦！（《壹週刊》，2002
年 11 月 28 日）

接手家族企業的周湛樵，其中一個重大決定，是於翌年將佔地
達 17,000 平方呎，且具西班牙建築特色的半山羅便臣道 1 號家族大
宅拆毀，進行重建，該舉動雖說是歷史建築保育上的損失，卻為家
族發展注入重要力量（*South China Morning Post*, 27 July 1975）。
重建後的羅便臣道 1 號，樓高二十八層，其中二十樓以上留給家族

---

61 此點與周湛煌的說法有異。按周湛煌的說法，他於 1971 年返港，並非仍在求學（《星
島日報》，2002 年 9 月 17 日）。所以，1974 年周湛霖去世時，周湛煌明顯已經工作
了一段時間。

自用，二十樓以下則出售套現（《壹週刊》，2002 年 11 月 28 日）。

必須指出的是，大廈落成時正值香港經濟低迷，房屋市場尤弱，所以相信家族出售物業套現的金額，應不如今時今日物業價格飛升、寸土尺金般豐厚。另一方面，接手家族統領大權後的周湛樵，領導權威畢竟不如周湛霖，每有重大決定往往要徵得家族成員同意才能拍板，發展策略自然很難如過去般進取，所以無論保險業務或是其他投資，均只能規行矩步，這在「沒有冒險便沒有重大發展」的年代，自然難有耀目成績。

一個不容否認 —— 亦出於周湛樵本人之口 —— 的結果是，家族企業自七十年代起一直停滯不前。當其他企業在社會與經濟空間大幅擴張時乘勢而起、迅速壯大時，周氏家族旗下企業如全安保險、香港九龍置業按揭等的表現均乏善足陳、未見建樹，問題正是出於家族的不思進取。所以，本來歷史悠久，有雄厚實力，亦曾經風光一時的企業，到了二十世紀八十年代，已淪為乏人知曉，而業務則不斷萎縮的公司了。

可順道補充的是，就算周湛燊在九十年代退休後，他亦不願投身家族企業，為其發展作出貢獻。由於名下資產財富足夠他安享晚年，故他寧可繼續享受人生，打打「風流工」。舉例說，1998 年他獲選為香港賽馬會副主席，同時任副主席的有夏佳理、艾爾敦（滙豐銀行大班）和唐英年（《星島日報》，1998 年 9 月 1 日）。與此同時，他又擔任多家大型企業如中信泰富、和成集團等的非執行董事之職，給予一些意見。周湛燊喜好賽馬，更養有多匹名字甚為特別，且甚獲馬迷好感的賽馬，例如「搏殺」、「搏懵」、「殺起」、「殺晒」、「皇阿瑪」

等，成為一時佳話（《蘋果日報》，2003 年 5 月 11 日及 8 月 8 日）。可以肯定地說，以周湛燊的才能、經驗與人脈關係，若然他願意為家族企業作出貢獻，周埈年一脈的發展，相信絕對不容小覷。

至於周錫年一房，長子周啟賢同樣被栽培為核心繼承人，且已管理家族企業一段時間。他在 1972 年避過了寶珊道山泥傾瀉的災難，原以為會有後福，想不到死神仍候在轉角處，而他亦逃不過早逝的命運。1979 年 9 月 2 日晚上，周啟賢一如平時與友人吃晚飯、談生意，但卻突然在飯桌上暈倒，送院搶救無效去世，享壽五十一歲。周啟賢去世的情況，當時報紙的報道如下：

> 周氏在珠城酒樓四樓宴客，賓客共兩席。當時周氏與親友談笑甚歡，突然間感到身體不適，親友立即召救護車到場，由珠城酒樓負責人送上救護車，送院後終告不治。（《工商銀行》，1979 年 9 月 3 日）

無論是對周啟賢的妻兒而言，或對其父親和其他親友而言，甚至對家族企業或由其擔任公職的機構而言，他的離世均屬巨大損失，並在不同程度與層面上帶來了打擊。

就以他一手打理的香港華人銀行為例，[62] 他的突然離世便動搖了其他投資者的信心，當中不少股東更打退堂鼓，想套現離場，令銀行陷入巨大危機。面對當時的嚴峻困局，周錫年年老又曾中風，自然不可能重披戰衣；二子周啟邦因沒興趣參與生意，更沒商業管理

---

62 香港華人銀行轄下還有三家子公司：香港華人銀行（代理人）有限公司、香港華人銀行（企業）有限公司，以及香港華人國際財務有限公司。

經驗，故不願接手這個燙手山芋；剩下的選項便只有新寡的盧秀妍了。雖然她同樣沒有營商經驗，過去一直留在家中相夫教子，但她始終出生並成長於商業世家，應有一定人脈或背後有助力，故雖是被迫代夫披甲上陣，表現亦可圈可點。

當時，盧秀妍既要與小股東周旋，又要為銀行定去留，更要力保家族利益，每天東奔西走、絞盡腦汁。在訪問中，她回憶這段經歷，並娓娓道來如何克服那次危機：

> 十多個小股東都異口同聲說要賣掉銀行。雖然他們只是小合夥人，可他們都不願意繼續做合夥人了。我怎可能獨自一人運營銀行呢？……
>
> 二叔（周啟邦）也要迫不得已把股份賣掉，因為他們每個人都要賣股份，我們周家的股份最大，當時是內部即時拍賣，並不是公開拍賣，不是你出甚麼價就能買到……
>
> 這絕不是易事，我之前也沒有相關經驗。可是啟賢不在人世，我一定要出面到香港華人銀行了解發生了甚麼事情……我當時覺得是一場賭博，我就放手一搏……
>
> 你的銀行被別人收購，而且當然不會給出好價錢，你需要控制全局，讓人給你一個比較公道的價錢，而不是胡亂壓價。那些董事則是把股份隨意賣掉了事，當時有很多大銀行收購小銀行，其中有不少海外銀行在收購香港本地的銀行……
>
> 當時銀行業也很艱難。後來我看了一下賬目，發現情況不是很樂觀，不一定能維持下去。而且我一個弱質女子，就更無計可施了。（盧秀妍訪問，2013 年 5 月 30 日）

簡單幾句話，已清楚勾勒出盧秀妍被迫賣掉銀行的原因。扼要地說，周啟賢突然去世，周家已無合適人選能領導銀行走下去。面對一眾小股東起哄要賣掉銀行，作為最大股東的周氏家族眼前只餘兩條路：賤賣銀行或想辦法抬高價錢，為銀行找個「好歸宿」。[63] 顯然，盧秀妍定會選擇後者，但怎樣才能吸引有意又有能力的財團收購銀行？在那次訪問中，盧秀妍亦有談及交易經過：

> 幸好我能找到律師幫忙……
>
> 那位律師教我如何開價，是暗價。最終我們是出價最高的，所以就把股份全數買回來了……
>
> 當時我就找到一家願意買入股份的海外信託，我當晚就去 Urban Trust，那家美國銀行跟我們香港華人銀行是關係銀行。他們人非常好，我向他們借錢，因為我要借足夠的金錢，才能買回所有股份，他們居然肯給我借錢。當然要給利息，可是我手上有了現金，我就能從現股東手上買回所有股份，恰巧當時這家海外信託也有興趣，他們就馬上行動……（盧秀妍訪問，2013 年 5 月 30 日）

顯然，盧秀妍在獲得重要法律意見後，一方面先聯絡過去有交往的海外信託銀行，取得財政支援，另一方面則甚有技巧和策略地提出了比其他股東略高的價格，成功吸納小股東手上的股份，將銀行股份全部集中回家族手中，然後才有談判籌碼與買方談判，最後

---

63 當時，周氏家族（周錫年、周啟賢夫婦和周啟邦夫婦）合共持有銀行 281,730 股，佔全部發行股份 450,000 股的 62.6%（*The Hong Kong Chinese Bank: Annual Return 1979, 1979*）。

以更好的價錢將華人銀行轉售予海外信託銀行，保障了家族利益。換言之，在周啟賢猝死引發的危機中，盧秀妍雖然擊退了小股東，但可惜家族中無經營銀行之才，只好轉手賣盤，周氏家族自此退出銀行業。這個迫不得已的決定，雖說保住家族眼前的最大利益，但始終令家族失去了日後更上層樓的發展平台。

　　順作補充的是，香港華人銀行雖落入海外信託之手，但不久卻因海外信託銀行出現財困，於 1984 年 11 月以 3.371 億元的價錢，將手上持有香港華人銀行 99.73% 的權益，[64] 售予一家名為 Airfield Limited（同時宣佈會易名為 Worthen Holdings Hong Kong Limited）的公司，惟相關交易並不包括位於德輔道中 61—65 號的香港華人銀行大廈。至於沒包括在內的銀行大廈連地皮，最後亦於 1987 年 2 月以 1.05 億元易手（*South China Morning Post*, 20 February 1987）。收購行動背後的金主，據說是力寶集團老闆、有「銀行大王」之稱的印尼華商李文正（Mochtar Riady），那項重大收購舉動，在當時社會備受市場關注（*South China Morning Post*, 5 November 1984）。

　　日後，香港華人銀行經李文正一番整頓後，確實能夠恢復活力，業務蒸蒸日上。到 1997 年 6 月，銀行獲華潤企業有限公司（China Resources Enterprise Limited）垂青，以 2.58 億的價錢將之收購（Bloomberg News, 19 June 1997），該銀行轉入另一發展軌跡。到了 2001 年，香港中信嘉華銀行宣佈斥資 42 億，收購香港華人銀行，然後合併為中信嘉華銀行（《新浪網》，2001 年 11 月 2

---

64 其時香港華人銀行已有分行 9 家，吸納客戶存款達 6 億元。

日），香港華人銀行的名字從此消失。

　　人力資本乃家族企業傳承發展的核心一環，人才凋零或是核心領導突然去世，很多時會給家族和企業帶來極為沉重的打擊，周氏家族的情況亦是如此。周埈年與周錫年兩房的接班人，五年間先後英年早逝，不但令家人親友極為傷痛，亦給家族企業發展帶來巨大衝擊。因為周湛霖和周啟賢均屬父母一早屬意的接班人，不但給予很大授權，亦為他們的接班工作鋪好了重要道路，而他們亦因自小獲得栽培，故對家族生意較熟悉。他們的突然離世，自然打擊了家族的全盤部署，更會窒礙家族和企業的發展。可以這樣說，周湛霖和周啟賢的猝死，是周氏家族企業由盛轉衰的轉捩點。

發展進程上的矛盾與官司

　　世家大族因為巨額遺產誘發官司的問題，可謂司空見慣，中外社會皆然。有人以為，西方社會強調個人權利，家人關係較疏離，出現爭產官司不難理解，但中國傳統重視親人倫理，講求一家和睦，很多時就算有爭執，因不想家醜外揚，寧可忍氣吞聲，或將矛盾私下解決，應不會鬧出爭產官司。顯然這樣的想法低估了中國家族「離心力」之強大，也忽視了人們為求財、求公平，甚至只為爭一口氣的堅決。過去中國甚少有爭產官司在公堂上演，只不過因為爭產一幕發生在祠堂而已。當西方法庭制度引入中國及香港後，大家更相信它的權威，故爭產的場地便轉移至法庭了。

　　不過，雖說爭產在中外社會皆屢見不鮮，但周家卻發生一則甚

為特殊的爭產官司，那就是周錫年仍然在生之時，長子遺孀與次子聯手入稟法院，要求頒佈父親所立的遺囑無效的舉動，而他們興訟的對象除父親外，還包括父親的情婦。由於周錫年在社會甚具名望，加上子媳告父有違中國人極重視的孝道傳統，故官司一出，即轟動社會；且到周錫年去世後仍餘波未息，令不少人大感意外（*South China Morning Post*, 26 February 1981；陶世明，1986；何文翔，1988；月明，1992；《明報》，2003 年 4 月 13 日）。

所謂「冰封三尺，非一日之寒」，周氏家族這場令人意想不到的官司，實在其來自有因，甚至可說是周錫年一手導致的。在前文曾論及，周錫年自髮妻劉慶桂去世後，與早年結識的有夫之婦陳寶琦萌生了戀情，掉進愛河（薩奇，1981；陶世明，1986；何文翔，1988；月明，1992）。本來，此事發生在男人仍可納妾的年代，算不上是甚麼大事，在有錢人家更屬平常之舉。雖說男女年紀相差頗大，而且女方仍有婚約在身，但相信以周錫年的能力，亦可一一擺平，本不會惹來非議紛爭。可是，由於周錫年下錯決定，另立遺囑，打算將名下財產贈予陳寶琦，因而觸碰了其他家人的利益，激發矛盾。

原來，周錫年的亡妻劉慶桂出身大富人家，生前曾獲其父遺贈價值不菲的財產，她本人又善於投資，所以名下身家不少。而到她去世前，沒有直接將財產分配予丈夫及兩名兒子，而是與別不同地把遺產悉數撥入丈夫名下，並與丈夫達成協議，由丈夫與兩名兒子共同管理和享用，三人有同等的管理及決定權，至周錫年去世時，他所持有的財產，再由周啟賢和周啟邦兩人均分：

> （劉慶桂）逝世前作了一番安排，將自己的財產和周錫年的財
> 產合併，由周錫年和他的兩個兒子周啟賢、周啟邦共同管理，
> 三人所佔比例相同，產權轉讓等事項，概須三人簽署始能生效。
> 根據這一安排，如周錫年去世，周（錫年）名下的財產可由兩
> 子均分。（薩奇，1981：76）

這種安排，在那個時刻實屬簡單而沒有任何爭議之事。想不到
劉慶桂去世後，六十四歲的周錫年卻掉進忘年戀，而那段戀情更發
展到談婚論嫁的地步。由於周錫年打算續弦，想給陳寶琦一個正式
的身份和名分，故觸動了家族內部微妙卻又脆弱的情感與關係（陶世
明，1986；何文翔，1988；月明，1992）。至於女方乃有夫之婦，
又與前夫育有兩名兒子，相信令問題變得更為複雜。

後來，可能由於家族中人及兒子強烈反對，又或是陳寶琦的
已婚身份等原因，周錫年最終沒有迎娶陳寶琦。這樣的結果，可能
令周錫年覺得無法給予女方名正言順的身份，對心愛之人已是極大
的虧欠，更擔心自己身故後女方沒有任何保障，自然興起將名下遺
產轉贈予她、讓她能夠安心的想法。至於兩名兒子，周錫年可能覺
得他們已能獨立，各有事業，名下的財產亦不少，加上持有家族旗
下公司的股份，生活應已無憂。而且女友在他年老力弱時仍願意相
伴，時刻在旁照料，留些財產讓她安享生活，實屬應當之事。在這
些考量下，周錫年決定更改遺囑，但他卻料想不到竟引起家人的極
大反彈。

其實，周錫年對陳寶琦財務上的照顧，應已曾多次引起父子間
的爭吵，有一次甚至鬧上法庭。1977 年，周錫年發出多張總金額達

一百多萬元的香港華人銀行支票給陳寶琦作生活費及其他開支，[65] 但身為華人銀行掌舵人的周啟賢拒絕兌現，陳寶琦遂告上法庭並獲勝訴（Court of First Instance, 9 January 1979; *South China Morning Post*, 10 January 1979）。顯然，周錫年一方面對於兒子諸多限制刁難甚為不快，亦更擔心自己去世後陳寶琦會生活無依；但另一方面卻低估了子女對此事的反感，以為憑一紙遺囑便會使他們乖乖聽話。結果，雙方日積月累的爭執，令父子情愈來愈薄，埋下反目的種子。

本來，遺囑乃個人私下的安排，可以不必向外人道（鄭宏泰、黃紹倫，2010）。可是，周錫年在 1976 年中風後健康變差，自然引出兩大問題：其一是更需別人照顧，對女朋友更為依賴；其二是引起親人關注，覺得周錫年應及早作好遺產分配的安排，逼使周錫年掉進一個無法迴避的局面：必須就他去世後的遺產安排有個說法。正是在這種壓力下，周錫年透露了一個事實：早在 1973 年，他已訂立遺囑，主要受益人則是一直在他身邊照料的女朋友。

對於這種安排，核心家族成員自然極不認同。於是，在 1981 年 1 月，幼子周啟邦和長媳盧秀妍入稟高等法院，要求頒佈周錫年 1973 年所立遺囑無效，而與訟人除了周錫年，還有一位名叫「諸陳寶琦」（似是特地在陳寶琦名字上冠上原來的夫姓）、英文名為 Grace Chu 的女士（《大公報》，1981 年 2 月 11 日）。由此可見，雙方關係已到了水火不容的地步，媳婦和兒子不惜撕破臉皮，不怕令家醜

---

65 據報紙報道，陳寶琦的職業，乃「股票經紀」（*South China Morning Post*, 10 January 1979）。

外揚，也要告上法庭。面對子媳之舉，周錫年沒有坐以待斃，甚至主動出擊，反告媳婦盧秀妍和兒子周啟邦限制其使用名下財產，「要求法庭頒令，他是若干物業的受益人之一」。（薩奇，1981）。

對於這宗官司，盧秀妍等人不容有失，身為律師的周啟邦和譚月清更請來 Wilkinson & Grist 律師樓壓陣，而這所律師樓便是在出售香港華人銀行一役中，為他們出謀獻策，協助他們成功反收購的功臣。顯然，他們擺明車馬，要與周錫年和陳寶琦一方周旋。至於為甚麼甘冒不孝之名仍要與老爺對敵，以下是盧秀妍的說法：

> 我打這場官司是為了我死去的丈夫。他才是那個為銀行竭盡心力的人。他為銀行心力交瘁，並為之獻上生命，為甚麼要讓那位陳女士坐享其成？我並不是要為自己爭取甚麼，這些財產一分錢也不是給我的，我一心只為啟賢。為了啟賢，我必須打官司。他為此勞碌一生……
>
> 這宗官司的困難之處在於需要人證。公公（即周錫年）和寶琦之間發生的事情，需要有人證明公公在作出這些舉動時，神智不是處於清醒狀態，他不一定知道自己在幹甚麼。所以我要接近滙豐銀行的職員，召集他們取證，獲得他們的供詞。（盧秀妍訪問，2013 年 5 月 30 日）

從盧秀妍之言，他們推翻遺囑的主要論點是周錫年神智不清。但從周錫年能迅速反告兒子媳婦的行動看來，他的神智顯然相當清明，反映他七年前訂立遺囑之時，應沒有甚麼「頭腦不清」的問題（薩奇，1981），而盧秀妍和周啟邦對此應心知肚明。但顯然他們十分不滿周錫年將家產全送予「外人」，故才興訟，討回他們心目中的

「公道」。對於事態的發展，盧秀妍如此說：

> 當時我們已經聘請了所有大律師。香港律師不能打官司，需要
> 另找大律師，我們就在英國聘請律師幫忙。我認識一個辦公室
> 在英國的律師，我去了英國一個星期，從早到晚都待在那家事
> 務所裏……
>
> 我們向他們提出證供，好讓他搜集到所有證據，作好一切準備。
> 凡事都要有根據，沒有證據的話怎能打官司。他們收集好所有
> 證供後就開庭了。在開庭前，那些大律師建議我們不要打官司，
> 最好還是能解達成和解……
>
> 賺錢的都是大律師們，可是他們人品還算不錯，建議我們不要
> 打官司……
>
> 對方最終也願意和解……
>
> 能達成共識，彼此妥協就可以了……
>
> 彼此讓步是必須的，你也不可能獨佔所有財產，和解就是這個
> 意思，其實挺公平的……（盧秀妍訪問，2013 年 5 月 30 日）

盧秀妍等人一開始大張旗鼓、立志堅定地要與周錫年打官司，
最後卻輕易被律師勸退達成和解，當然與周錫年「頭腦不清」的證據
不足有關。但站在他們的立場，若一聲不響依從父親安排，周錫年
大部分的遺產便會落入陳寶琦之手，而當中有不少是來自亡母的財
產。故入稟法院可能是他們以進為退的策略，以此爭取更大的談判
籌碼，逼使對方退讓妥協。事實上，若然周錫年將所有遺產全贈予
陳寶琦，又確實於情於理不合，而他與子孫們反目，實不利晚年甚
至死後的各種安排 —— 例如喪葬、拜祭等，周錫年對此實在不可能
沒有顧慮。

　　於是事情發展峰迴路轉，各方在法庭短兵相接後即迅速同意妥協，庭外和解。而周錫年於 1982 年 12 月 9 日另立遺囑，取代 1973 年的遺囑。不過，可能雙方就遺囑細節或其他事務仍有異議，故討論及談判持續，至 1985 年周錫年過身時仍未有最終定案。至於最終達成的協議，在財產分配上則是陳寶琦獲周錫年遺產的一半，周啟賢一方和周啟邦一方各得四分一。該遺囑的要點如下：

　　一、遺囑委派周啟邦、盧秀妍和陳寶琦三方為執行人。

　　二、盧秀妍和陳寶琦同住於寶城大廈，前者居 6 樓，後者居 B-17。

　　三、規定任何行動或決定必須三方一致同意。

　　四、遺產在扣除債務、喪葬開支和遺產稅後，一半贈予陳寶琦一方、四分一贈周啟賢一方，另外四分一贈周啟邦一方。

　　五、在陳寶琦的遺贈中，若她較周錫年早逝，該遺贈按陳寶琦所立遺囑或沒遺囑繼承時「由其具實質受益人承受」（to the persons beneficially interested）。

　　六、在周啟邦的遺贈中，若他較周錫年早逝，由譚月清承受，若兩人均較周錫年早逝，則其中四成由其領養子女（adopted child or children, if any）承受，另外六成投入存在滙豐銀行的信託中，用作慈善；若然夫婦沒有領養子女，則那部分的遺贈悉數撥入滙豐銀行的信託，用作慈善。

七、周啟賢一房的遺贈則分為五分，給周國勳、周令儀、周令婷、周令熊、周令琪。

八、若有任何遺囑中提及的受益人在未滿二十一歲前去世，又沒有子嗣，則其遺贈由其他受益人均分。（Probate Jurisdiction, Grant No, 3078 of 1992, 1992）

1991 年 11 月 26 日，盧秀妍、周啟邦和陳寶琦三人在周錫年 1982 年的遺囑上簽名確實，代表擾攘周家超過十年的爭產紛爭終告落幕。

不過，各方簽署妥協後的遺囑，還有一點引人注視，那便是周錫年於 1982 年訂立遺囑時，周啟邦和譚月清均已年近五十了，但仍沒有血脈子女，所以周錫年特別提及，周啟邦和譚月清若然早逝，遺產可轉給他們的養子女 —— 若果有養子女的話。這種寫法，其實乃思慮縝密的遺囑的「標準內容」，沒甚麼特別，卻揭示一直以情侶裝打扮出雙入對，在上流社會大出風頭的周啟邦夫婦，確實有一個傳統社會十分關注的問題 —— 當時膝下猶虛。後來他們有了一名兒子周國豐，卻有不少流言指周國豐並非他們的親生兒子（相關深入討論，請參考下一章）。

且不要太着眼於那些只求吸引公眾眼球的花邊新聞，回到周錫年一脈的內部紛爭問題上。毋庸置疑的事實是，人與人之間的愛恨與矛盾，總不會是無緣無故的，更遑論是本來血濃於水、命運與共的家族親人。若從這個角度看，七八十年代周錫年一脈出現的家族內部矛盾，最後差點演變成對簿公堂的爭產官司，顯然亦其來自有

因。由於周錫年晚年發生另一段情，並單憑自己意願以遺囑形式將
大部分財產留給新戀人，顯然違背常情，惹來家人的不快及不甘，
結果不但傷害了至親的感情，亦令自己晚年不得享受安靜祥和的生
活。可以說，周錫年本人可能便是家族在八十年代矛盾紛爭不斷的
始作俑者。

兩房么子的不同際遇

　　周埈年和周錫年兩房長子猝死，不但成為家族企業由強轉弱的
轉捩點，還影響到兩房么兒的際遭。先說周埈年的幼子周湛煌。據他
本人接受記者採訪時說，由於家族企業沒有他的份兒，他於 1971 年
自英國返港後，自然只能自尋出路，投身就業市場找工作。初時，
他在一家互惠基金公司工作，做了一段時間後才轉職空運公司，主
要負責貨物的空運安排。1974 年，長兄周湛霖突然因病去世，家族
企業急需選出新領袖，但他可能太年輕，工作經驗不多沒被選上。

　　周湛煌工作數年，除積累了一定人脈，更深深感受到傳統社會
所謂「工字不出頭」的道理，於是決定自己打天下。1974 年，他夥
同朋友合股創辦盛昌電子有限公司（麥暉，1992：19），主要從事
「以進口電子計算機為主」的貿易生意（《星島日報》，2002 年 9 月
17 日）。

　　由於當時電子計算機的市場方興未艾，公司業務興旺，實力亦
漸漸壯大起來。而在充當中介人的貿易中，周湛煌察覺到電子計算
機的生產成本其實很低，但售價高昂，利潤極為吸引，而且發展潛

力無限，因而有了自行設廠生產的念頭。他與股東和家人經過一輪深入商討，並取得他們的支持後，立志堅定地走上了自己生產、創辦實業的道路。而他則成為「第一個從美國引進接洽技術的人」（麥暉，1992;《星島日報》，2002 年 9 月 17 日），事業亦從此發展起來。

由於看對了時勢，找到了門路，加上個人的年輕幹勁、不怕吃苦，具有不服輸性格的周湛煌，在不想系出名門卻給人看扁的意識的驅使下，自立門戶後日以繼夜地工作，最後成功闖出天地，迎來不錯的成績，訂單和盈利同步向好；周湛煌則逐步從生意中積累個人財富，有了進一步發展的更大能量，亦證明自己有能力帶領公司向前。到了 1983 年，在商場上磨練多年，而且羽翼已豐的周湛煌，宣佈創立宜進利公司（Peace Mark Limited），信心滿滿地進軍鐘錶製造業。其時和他並肩作戰的，仍是合作多年的生意夥伴梁榕。

八十年代，在「改革開放」政策的浪潮下，周湛煌察覺到中國大陸地多價平、工資低廉，而深圳與香港只是一河相隔，交通運輸便利，於是果斷地將廠房北移，決定到深圳西鄉開設工廠生產鐘錶。工廠在 1988 年落成，佔地面積達 15,000 平方米，廠房樓面則達 33,600 平方米（*South China Morning Post*, 2 February 1993）。由於此時屬「改革開放」第一階段，中國政府為吸引外資，提供了極多優惠，周湛煌此舉切合「改革開放」的發展大勢，故深圳廠投入生產後，宜進利發展迅速，亦令他在不出數年間，由初出道時的吳下阿蒙，崛起成為鐘錶製造業界一股不容低估的力量。

察覺到自身力量已經達到某個重要水平，周湛煌決定擴大企業規模。在 1993 年，他成立宜進利集團，將核心的鐘錶製造業務注入

其中，然後將集團上市，藉吸納更多公眾資金拓展生意。上市後的宜進利集團一方面固守鐘錶製造的本業，如在上市不久即宣佈與內地企業合作，在昆明設廠，擴大生產線；又斥資 1,000 萬元入股德國鐘錶名牌 Egana International。與此同時，集團亦開始投資其他業務，以提升企業的多元化，如在九七回歸前後，宜進利宣佈與北方安華等企業合作，進軍中國大陸食品市場（*South China Morning Post*, 2 February 1993, 18 November 1996, 19 July 1997）。可以這樣說，在連番開拓之下，宜進利集團的規模與實力日漸壯大，周湛煌亦成為周埈年一脈最為耀目的一員，帶動了家族中興。

經過九七金融風暴，進入千禧世紀，儘管那時香港的經濟一直偏弱，疲不能興，宜進利集團仍維持着快速的前進步伐。至 2003 年，當「沙士」疫症重挫香港的經濟，宜進利集團仍在該年錄得六千多萬元盈利，公司資產淨值上升至 6.75 億元。之後，隨着香港經濟在「自由行」政策刺激下迅速復甦，宜進利的業績反彈更快（盧永忠，2003）。同年，集團進軍內地零售市場，三年後的 2006 年，零售點開了近六百間（潘海華，2006），那年的盈利為 2.16 億元，公司的資產總值則已攀升至 16.17 億元（Mergent Online, various years）。

到了 2007 年 7 月，宜進利集團的資產總值進一步上升至接近 20 億元，並發展成一家國際著名的手錶及珠寶公司，也是亞洲最大的高級手錶零售商，擁有不少著名鐘錶及珠寶品牌的代理權。或許是覺得企業已有足夠的實力，一心想推動生意更上層樓的周湛煌，於該年年底宣佈斥資 28 億元，收購走高檔路線的先施錶行（Sincere Watch）母公司，以強化公司的業務結構；另一方面，公司又決定於

天津設廠，開拓機械鐘錶市場。但連串的投資卻種下了債台高築的惡果，成為公司及周湛煌噩夢的開始。

2008 年 3 月公司公佈業績時，仍顯示出一個不錯的發展圖像：高檔次零售舖（luxury stores）方面，公司在中華大地（包括香港和澳門）共設一百一十五個，在東南亞則設有三十一個；中檔次零售舖（mid-range stores）方面，單是全中國便有一千零十八個（*Peace Mark Holdings Limited: 2008 Annual Report*, 2008）。更為重要的是，當時公司的資產淨值為 29.72 億元，盈利有 4.7 億元（《明報》，2009 年 11 月 27 日；Mergent Online, various years）。但雖然盈利表現不錯，公司卻宣佈不派息，這是七年來首次不派股息。雖然公司解釋是為了預留資金作營運，估計是作為收購先施錶行的儲備，但顯然亦反映宜進利的流動資金有緊絀問題。

不過，由於 2008 年是宜進利創立二十五週年誌慶（這裏以 1983 年創立宜進利公司計起），加上可能過去多年公司發展迅速，業務又增長強勁，故周湛煌顯得躊躇滿志，雖然已察覺美國及全球的經濟問題逐漸呈現敗象，認為山雨欲來，但在年報中仍強調公司管理層必能應對（*Peace Mark Holdings Limited: 2008 Annual Report*, 2008）。顯示他那時仍信心滿滿，沒意識到一旦國際金融環境逆轉，公司手上持有的投資產品價格急滑，而大額信貸將有可能拖垮公司等問題。

其實，若細心分析宜進利集團年報的資產負債表，則不難發現若干令投資者不安的數據。例如，淨負債由 2007 年的 6.06 億元，飆升至 2008 年的 39.02 億元；權益持有人應佔權益由 2007 年的 18.06

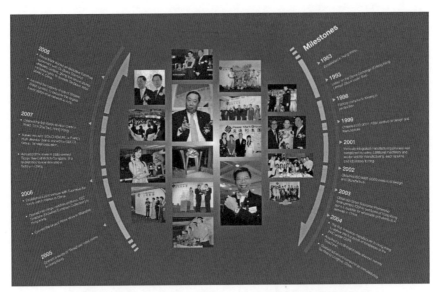

宜進利年報內頁。前者列出公司的發展里程碑，後者可以看到 2008 年時滿懷自信的周
湛樵。（圖片取自宜進利公司 2008 年年報，特此鳴謝。）

億元，上升至 2008 年的 29.72 億元。而更為核心的淨債務比率（net gearing ratio）由 2007 年的 33.56%，倍升至 131.31%（*Peace Mark Holdings Limited: 2008 Annual Report*, 2008: 93）。若再細看公司需支付利息的借貸金額，更會發現高達 53.60 億元（*Peace Mark Holdings Limited: 2008 Annual Report*, 2008: 67）。很明顯，公司債台高築，負擔太重。當然，若經濟環境沒大變化，宜進利應能透過盈利及財務安排應付這次難關，但事情走向並非如此。

從日後告上法庭的文件看，面對因債務問題導致資金鏈快將斷裂的危機，周湛煌四出奔走，甚至曾迫於無奈透過抵押私人物業取得資金應急。如在 2008 年 5 月 9 日，他獲得星展銀行（DBS）批出 3 億元私人借貸，抵押品是位於羅便臣道 1 號的私人物業，亦即他與家人居住的大宅（Court of First Instance, 20 May 2009）。此舉反映他對資金的急切渴求，而公司的財務困難顯然已到了無計可施的地步，才會病急亂投醫，希望能憑這筆借貸應付當前危機。可惜杯水車薪，結果不但未能力挽狂瀾，反而累及妻兒。

2008 年 9 月 15 日，正值中秋節，國際投資銀行雷曼兄弟因負債超過 6,000 億美元宣佈破產，成為美國史上金額最大的破產案件，並引發全球金融海嘯。顯然，國際金融市場環境極惡劣，就連被形容為「大得不能倒」的美資企業如貝爾斯登（Bear Stearns）及雷曼兄弟（Lehman Brothers）等，亦因債台高築而陷於財困，相繼倒下。同樣在債台高築壓力下掙扎的宜進利集團，在金融風暴肆虐時，自然亦極難全身而退、力保不失。

在金融海嘯前夕的 2008 年 8 月 11 日，宜進利集團的股票遭基

金經理「洗倉」，股價最多大跌逾 73%，令股價創下過去五年間的新低 —— 即跌回 2003 年前的低位，市場迅即湧現不少傳聞，但原因則莫衷一是（《明報》，2008 年 8 月 12 日）。其中的主要說法，是「公司擴張過分進取，貪勝不知輸，才令今日公司陷於困境」（《東周刊》，2008 年 9 月 10 日）。有報章則得出如下看法：「宜進利收購 Sincere Watch 時舉債過多，並將股份抵押予多間銀行，在 2008 年金融海嘯時出現狀況」（《聯合早報》，2012 年 8 月 11 日）。

在那個狂風暴雨的時刻，由於周湛煌身處英國，沒法親自作出即時補救措施。雖曾就股價大跌的問題，聯同首席財務總監曾廣釗透過電話會議「解畫」，強調公司財務情況正常，淨負債額亦與 3 月時水平相若（《蘋果日報》，2008 年 8 月 12 日）。但他們的解釋顯然沒有釋除公眾疑慮，公司財困的傳言仍甚囂塵上。至 2008 年 8 月 18 日，公司遭交易所勒令暫停交易，[66] 並引起了監管部門的調查，隨後更揭發公司有不少不堪入目的財務問題（Court of First Instance, 20 May 2009）。

在商業社會，當公司及個人出現財政困難時，大小債權人必會「落雨收遮（傘）」、行動迅速地上門追收欠款，宜進利的情況亦是如此。同年的 9 月，公司三家內地分店即被東亞銀行接管。至 2009 年 2 月，周湛煌與梁榕被 A-One Investments Ltd.[67] 入稟高院，指他們把 A-One 所持的資產及宜進利的股份押出，以換取銀行借貸。星

---

66 遭交易所停牌約三年後的 2011 年，由於問題無法解決，公司乃被除牌。一年後的 2012 年 5 月，周湛煌更被宣佈破產。

67 原來 A-One Investments Ltd. 乃周湛煌與梁榕成立，並透過此公司持有宜進利的股份。

展銀行亦採取法律行動，要求法庭凍結其資產及收回借貸。由於事件上了法庭，從法庭的聆訊和判決公開的資料，可讓公眾對其「一子錯，滿盤皆落索」的因由有更多了解。

扼要地說，原來周湛煌等曾透過宜進利集團的控股公司 —— A-One 及其附屬公司 A-One Business —— 以不同手法向外舉債，但部分屬不當舉債，如未經董事會同意；亦曾挪用 A-One 資金存進個人戶口，以應付星展銀行補倉的要求。不過當中最受關注，甚至累及妻兒的，則是他以名下羅便臣道 1 號一幢三層高複式物業作抵押，向星展銀行借貸，他甚至以此物業「多次承做按揭」，令個人負債飆升到了天文數字的不能自拔地步（Court of First Instance, 19 December 2013, 25 March 2014）。至於那個具有「祖業」色彩的物業，最終更被債權人以「銀主盤」的形式拍賣掉（《明報》，2014 年 3 月 13 日）。

從法庭資料推斷，到了事態發展無法挽回、破產在即之時，周湛煌於 2009 年 2 月與徐六瑩離婚，並將手上僅餘的財產轉到妻子及子女的名下。法庭資料揭示，周湛煌向前妻轉入 550 萬元、兒子周嘉康轉入 1,200 萬元、女兒周穎夷則轉入 460 萬元（Court of First Instance, 19 December 2013, 25 March 2014），顯然有藉此避債之嫌。不過他的舉動未能逃過債權人的法眼，債權人成功向周湛煌前妻及子女追討該筆轉移到他們身上的資產，合共 2,210 萬元（《東方日報》，2014 年 3 月 26 日）。至此，周湛煌為周埈年一脈帶來的中興景象宣告終結，周湛煌本人曾經叱吒一時的傳奇故事，亦可說是從風光中黯然落幕。

　　可以這樣說，出身名門的周湛煌，雖說是自食其力，但有祖及父輩的顯赫背景作後台及起步資金，加上自身的努力，敢拼肯捱，在摸索出生意發展門路後，成功締造了個人事業，並曾創出一番輝煌成績，成為家族中興的新希望。惟最後卻因一子錯，結果雪球愈滾愈大，落得敗走麥城，甚至累及妻兒的結局，令人唏噓不已。

　　相對於周湛煌，周錫年的么兒周啟邦卻有截然不同的生活和際遇。周啟邦的年齡較周湛煌長十多歲，自六十年代初由英國返港後，相信在父親的財力支援下，輕易開辦了自己的律師樓及獲得一間大宅，不用如一般市民為居住問題擔憂，也不需要整天營營役役才能糊口。後來，他們配合寡嫂盧秀妍的行動，售出香港華人銀行的股份、以打官司作幌子使父親軟化並更改遺囑、取得四分一的遺產等等，可以這樣說，單憑這些財產，已足以令他們生活無憂了。

　　事實上，周啟邦夫婦在人前展現的形象的確如此：每天不用工作，無須為生計大傷腦筋，有着雄厚財富與時間去享受世界，天天錦衣華食，活躍於上流社會，並常常打扮得有如一對「孖公仔」，全身粉紅色衣着有之、粉紅色勞斯萊斯豪華房車有之，甚至金屋、金浴室和金傢俬也有之，總之是旁若無人地自得其樂，享受着隨心所欲的率直任性，所以長期成為傳媒鎂光燈的焦點。

　　由於周啟邦夫婦給人的感覺是每天過着極奢華的生活，故不少人都很好奇為何他們不會坐食山空、身家財富不斷「縮水」，一如傳統故事中二世祖敗光家產的教訓。對於這個問題，答案有三：首先，其獨子周國豐透露，周啟邦夫婦日常生活其實很節儉，並非如外人所想般奢華。即是說，因為遵循「應使則使」、不作無謂花費的

原則，令支出不會超出能力負擔，所以並不如一些暴發戶為「炫富」
而浪費金錢。

　　其次是運氣過人。其中一個例子是本來便已家財萬貫的周啟邦
夫婦，2001 年又有一筆「天掉下來的巨大財富」——譚月清胞兄譚
永成去世，將「逾億身家」留給譚月清（《蘋果日報》，2001 年 3 月
26 日）。為何譚永成會將遺產送贈妹妹，這便牽涉到一個頗令人唏
噓的故事。譚月清出生於大富家族，其兄譚永成乃經營夜總會的鉅
子，並因這種生意之故結識很多明星，後來更娶了著名影星林鳳，
兩人婚後育有一子譚澤沁。但後來二人感情生變，林鳳自殺，譚永
成則內疚終生，獨力養大兒子。可惜他卻管教無方，對獨子過於縱
容，故譚澤沁染有多種惡習，最終更被毒品奪去性命。譚永成原本
立下遺囑將所有財產留給兒子，在譚澤沁猝死後他修改了遺囑，將
唯一受益人改為胞妹譚月清，不但其他譚氏親人沒份，連媳婦亦只
能獲分一個零頭而已。[68] 至譚永成亦去世，巨額遺產便落入譚月清之
手，周啟邦夫婦自然更加不用為金錢問題憂愁，坐吃山空的問題亦
不會出現了（《壹週刊》，2003 年 10 月 16 日）。

　　不過，二人財富耗用不盡的核心原因，是周啟邦夫婦投資有
道，身家財富一直有增無減，這方面尤其值得其他世家大族的後人
學習取經。當然，能透過投資令自己衣食無憂、財富愈花愈有，需
要有充足的起動資金、敏銳的投資眼光，以及很好的運氣，而他們
三者俱備。前文曾粗略提及他們不願和父母同住，於是獲借予麥當
勞道居所。後來，他們又在父母財政支持下，購入摩星嶺一個佔地

68　譚澤沁在去世前剛剛結婚，娶妻鄭家燕，但不到三個月便因服食過量藥物身亡。

達五千多平方呎的大型物業連地皮，作為夫婦的「愛巢」，那便是樓高三層並取名「金屋」（Villa D'oro）的豪宅。

　　除此之外，周啟邦夫婦還有自己投資及從父母手中繼承得來的多塊地皮物業，像位於油塘三家村，樓高八層，每層有十座的錫元工業大廈（《香港經濟日報》，1999 年 7 月 29 日），或是西貢菠蘿輋地皮等（《蘋果日報》，2000 年 5 月 25 日），當然還有不少如英國、新加坡、泰國等海外物業投資。值得指出的是，周啟邦夫婦在香港的地皮物業，大多處於新界偏遠地區，原本價值不高，但到了新千禧年代，隨着香港發展及地價上漲，其價值均已倍升，顯示一生喜好置業買樓投資的周啟邦夫婦，由於看準了香港社會寸土尺金的核心問題，投資有道，因而能夠財源滾滾。

　　雖然周氏夫婦坐擁巨富，盡享錦衣美食，過着平常人羨慕不已的生活，但畢竟還是躲不過生老病死。到了晚年，周啟邦健康出現問題，於 2008 年確診患上末期癌症，需要經常出入醫院，接受多輪化療仍未能根治。為此，他催促獨子早些成家立室，及早生子，讓他抱孫。秉性孝順的周國豐亦十分聽話，按其要求一一照辦，其中較特殊的安排，是在周啟邦彌留之時，懷孕多月而預產期應在 2 月中的媳婦採取「催生」方式分娩，於 2010 年 2 月初誕下孫兒周禮淳，讓周啟邦能親眼看到血脈延續。周禮淳出生四天後，周啟邦去世，享年七十五歲（《明報》，2010 年 2 月 10 日），其「戲劇人生」的傳奇亦劃上句號（《星島日報》，2010 年 2 月 12 日）。

　　古今中外，無不讚賞「努力」、「拼搏」等美德。如中國傳統常強調「天道酬勤」，認為「業精於勤荒於嬉」，故不可以有僥倖之心，

整天想着不勞而獲，守株待兔更不可取，只會落得慘淡收場。偏偏周湛煌和周啟邦的際遇，卻展現了完全相反的圖像：努力靠自己打拼的周湛煌落得一無所有；輕鬆度日的周啟邦卻富貴壽全。正因為人生的起落成敗沒有道理可言，難怪不少人都篤信命理，以「一命二運三風水」等唯心主義來解釋個人際遇。

當然，信仰有助我們在面對逆境時化解壓力，調節心境並學習處之泰然，但卻未能讓我們汲取經驗，從中學習應變。周家第四代周湛煌及周啟邦的人生故事，便十分值得深入思考當中成敗的關鍵。無疑，周湛煌的奮鬥拼搏精神在周家的同輩中相當突出，而他的努力亦一度令他成為家族中最耀目的一員，相信曾被視為家族中興的最大希望。

然而，細心分析其失敗的原因，其實並非時勢使然，亦不是一眾基金經理或銀行落井下石。他最大的失誤，是因多年的成功令他過度自信，低估投資風險，心存僥倖。公司的年報早已預警全球經濟逆轉在即，但他仍相信自己能安然渡過，甚至大量舉債想借勢擴充公司。而當公司資金鏈快將斷裂時，他又沒有立即選擇壯士斷臂，反而走上歪路，透過不當舉債甚至挪用公司資金補倉，又使用轉移資產避債等不恰當手法，奢想能逃出生天。決策一再失誤，結果令多年努力盡成泡影。而樹倒猢猻散，銀行、小股民或投資基金對其投不信任票不過是必然結果而已。

至於其堂兄周啟邦，在一般人眼中只是浮誇奢華的二世祖，只關心玩樂打扮，靠無窮的祖業遺產揮霍，是典型「靠父幹」的好命之人。誠然，他和妻子譚月清均誕生在大富之家，顯然是一種「運

氣」，因已確保其衣食無憂，學習亦因能動用的資源較多，比一般
人容易獲國際名牌大學取錄。但不可忘記，他們入讀名牌大學的名
牌學科 —— 法律系，功課之繁重、考核之嚴謹，若沒有足夠的才能
及努力，根本沒可能畢業，故他們的專業資格絕非靠家勢或財富得
來，此點又較周湛煌突出。

此外，傳媒鏡頭只聚焦在他們夜夜笙歌的生活，只關注他們金
屋內的黃金廁所，顯然忽略了他們也是朝九晚五地工作，每天要謹
慎小心地撰寫及閱讀枯燥艱澀的法律文件，還要打理一間規模不小
的律師事務所。[69] 只不過這些營營役役的日常工作，沒有被鏡頭放送
全港罷了。此外，周啟邦投資有道，尤其把較多資產集中在一直被
視為最能保值的房地產上，又沒太多舉債，作風穩健，自然可以立
於不敗之地。加上他私下生活其實亦很有節制，故身家可以長用長
有，非單憑「運氣」二字足以說明一切。還有一點，周啟邦夫婦能做
到「舉世譽之而不加勸，舉世非之而不加沮」，不理閒言酸語，依從
自己的心意過日子，他們的人生未嘗不是實踐着中國文化「力爭上
游」以外，「不爭而善勝」的人生哲學。

結 語

家族與企業的發展規律，就如人類前進的歷程般，沒可能無風

---

69 據周啟邦律師事務所網頁介紹，至 2019 年，團隊有超過二十五名律師，服務範圍遍及
香港和內地。在香港提供的法律服務包括民事訴訟、刑事訴訟、物業轉手交易、企業融
資、銀行按揭、婚姻家事及商業合約等（相關資料，可參考周啟邦律師事務所網頁）。

無浪、沒有波折，更不可能富者恆富、長盛不衰。一個不爭的事實是，無論貧富強弱，必然會面對同樣的生老病死、天災人禍，甚至必須面對各種內外自然定律與發展邏輯的挑戰。所以，勝而必驕、富而必奢，至於各種各樣的問題，則會伴隨勝驕富奢而繁衍相生，引發質變敗亡，然後起落興替、死生相繼。所謂「物必先腐而後蟲生」，家族由盛而衰，正是受到這種規律和邏輯的制約。

　　當然，若果細思周氏家族第四代的發展軌跡與際遇，則不難發現，儘管起落盛衰必有其規律，但某些促進或窒礙其發展的因素與力量，顯然是自招自惹、一手造成的。周埈年一脈自周湛霖去世後的不思進取、周錫年晚年的發展第二春，都屬自招的因素，給家族和企業的滑落、紛爭和敗亡，埋下了不良種子，令這一代未能在祖、父輩打下的重要基礎上，進一步發揚光大。另一方面，投資開拓路上是否過於進取，或是過於保守，同樣會帶來截然不同的效果。純從理論上說，生意投資不夠進取，很難取得突出成績；但過於進取，低估風險，在大勢不好時，又容易被大風大浪吞噬，周湛煌與周啟邦的遭遇，則可說是進取投資與保守投資走向不同結局的兩個典型例子。周湛煌期望帶領家族東山再起，但貪勝不知輸，投資過於進取，結果在 2008 年金融海嘯中沒頂；周啟邦穩紮穩打，雖沒有一鳴驚人的收益，但因香港物業地產持久向好，乃能得到預料之外的豐收。不過，與其以表面風光或成敗來論英雄，不如好好探知及深入了解其盛衰的因由，總結經驗教訓，讓後來者鑑。

周嘉豪、周嘉康與

周國勳、周國豐

引 言

　　雖然周氏家族與香港一同走過一個半世紀，從移民到扎下根來，從小商戶到顯赫世家，甚至被譽為殖民地時代的香港四大家族，但到了第五代，家族又敵不過多重自然定律，逐漸由絢爛走向平淡。部分子孫雖仍能憑藉祖、父輩留下的遺產過着優哉悠哉、極為豐裕的生活，部分子孫則與平常百姓沒甚麼分別，每日同樣要為生活奔波，要辛勤工作，亦要憂柴憂米。看着一個在香港叱吒多個世代、經歷不少災劫的家族由顯赫走向平凡，畢竟高潮迭起，如通俗劇一樣引人追看。但若我們只是抱着看戲的心態，將它當作茶餘飯後的笑資，不免浪費了當中的經驗；相反，若能洞察他們成敗的因果，吸取當中的教訓，才算是真正讀懂了這個家族的故事。

　　家族擁有十分顯赫的背景，也有極為雄厚的社會資本、「強強結合」的姻親聯盟，並已走出「富不過三代」的宿命，第四代亦能發光發熱、保持實力，可是到了第五代，儘管亦有一些成員仍能在事業上表現耀眼，但部分成員卻迅速滑落。促使部分第五代走向這個困局的原因何在？他們的人生際遇又有哪些不同？換一個角度說，尚能繼續享受祖、父輩福蔭的第五代，在強大經濟資本和網絡資本支持下為何無法再創輝煌，帶領家族更上層樓呢？本章仍然以周埈年一脈和周錫年一脈為主要探討方向，但由於資料所限，只集中討論周埈年兩孫（周嘉豪、周嘉康）和周錫年兩孫（周國勳、周國豐），其他房的部分成員則只能輕輕略過，其餘部分則無法觸及了。必須指出的是，本文選取四人作分析對象，純粹因為他們的資料較多，足以作深入分析及參考而已。

周氏家族第五代

在深入分析周埈年和周錫年孫輩的際遇之前，讓我們先概括地勾勒第四、五代與第二、三代之間的兩個重大特點差異。第一個顯而易見且較為突出的特點，無疑是每房子女的大幅減少。舉例說，1971 年周埈年去世時，其訃聞列出的內外子孫數目，計有四子一女，以及六個男女孫（沒包括 1925 年在災難中去世的兒子周頌球）。以數目來看，在今天的社會無疑已經不算少，但若與他父親周少岐比較，則屬「人丁單薄」了，因為周少岐一生育有十三個兒子、五個女兒，以及多個男女孫 —— 惟不少子女不是嬰孩時早夭便是未及成年早殤（周德輝，1926），可見早年嬰兒夭折率極高的現實問題。

1985 年，周錫年去世時，其訃聞列出的內外子孫數目，只有兩個兒子、一個男孫（周國勳）和四個女孫，[70] 子孫數目明顯比周埈年更少。若果與大約三十年前他父親周卓凡去世時的子孫數目相比，尤其顯出他一脈的成員大幅減少，因為周卓凡的訃聞顯示，他共有八子、十五孫，當中還不包括女兒和女孫（《工商日報》，1954 年 3 月 29 日）。

若要探討家族和企業的興衰，家族人力資本的強弱高低，絕對是不容低估的核心因素（鄭宏泰、高皓，2017），因為人力資本匱乏，意味家族可以調動的人手較少，當家族或企業碰到重大問題需要應對時，能供派遣的人選有限。其次，可供栽培的接班人選不多，若然原定接班人不幸去世或沒興趣接班，亦沒法在子孫中找到新人

---

70 周國豐雖然生於 1985 年 6 月，但卻沒包括在訃聞內，詳見下文討論。

選接替，令問題變得更為尖銳。如上一章提及，當兩房長子周湛霖和周啟賢英年早逝，餘下諸子或無意或無力接掌家族生意，結果家族生意不是停滯不前，就是賣盤離場，均是人力資本不足的結果。

可是，一個不爭的事實是，隨着社會急速發展，組織家庭和生兒育女的觀念也不斷發生變化，不但晚婚與不婚成為時尚，少生與不生更成為新一代人的主流家庭價值觀。所以，那怕家族具有堅實的物質基礎，養兒育女不會造成經濟壓力，但世家大族的後代，仍然抗拒多生子女。究其原因，顯然與個人主義高漲、新一代寧可享受二人世界等思想有關。香港與大部分先進社會一樣，生育率下降已成了社會問題，年齡愈輕者愈不願多生子女，傳統多子多福的觀念已經一去不返。由周少岐、周卓凡一代，到周埈年、周錫年一代，再到周湛霖、周啟賢一代的子女數目變化，便屬最好說明。

到了第五代，子女數目大減的情況可謂更為清晰，帶出來的問題亦更為尖銳。從某個原則或理論上說，子女數目減少了，培育下一代成長的經濟資源自然更為集中，父母亦有更充裕的精神和心力去照顧及栽培子女，為他們提供更優質的成長環境。但要構建一個理想的成長環境，其實並非物質和父母專注的愛便足夠。當子女的數目少了，便會少了兄弟姐妹間互相學習、合作、妥協、競爭等待人接物的歷練；子女甚至可能會滋生自我中心和嬌生慣養的習氣，更會削弱上進之心（鄭宏泰，2015）。這些心態或意識 —— 更確實點說是缺乏那份為了家族或個人奮鬥的雄心，顯然不利家族和企業的發展。

可以這樣說，子女數目銳減的情況，就如銅錢的兩面 —— 數目

眾多時會因爭逐資源、人多口雜，產生不少紛爭，甚至可能會削弱家族資本的積累，但在家族發展上卻有其不容低估的「人多好辦事」和分散風險的重大作用。即是說，第四、五代子孫數目減少了，既可產生某些有利效果，但同時亦帶來一些負面衝擊，尤其會削弱家族和企業的多元發展與內部競爭。從可持續發展與分散風險（或多元化發展）的角度看，更是弊多於利；到了第五代時，問題更會自然浮現，至於他們無法如祖及父輩般發光發熱、書寫傳奇，看來正是這樣的內部邏輯運作下的必然結果。

第二個較為突出的特點是，第四、五代與原來的家鄉 —— 東莞（亦可視為廣東、中華大地，或更大層面上的華人社會與華人文化）—— 已經甚少聯繫。正如前文各章提及，那怕周氏二、三代均在香港出生，他們卻一直十分肯定自己的中國人身份，並與家鄉保持緊密聯繫。他們會出任東莞同鄉會、周氏宗親會、廣東商會等的領導，很多時亦會為家鄉建設、弘教、救災等出錢出力。這樣的關係，自然強化了他們在當時視作移民社會的華人群體中的號召力，因而亦令他們成為殖民地政府政治吸納的對象。可見第二、三代周家人一直與家鄉桑梓、中國大陸或華人社會，維持着如魚水般的關係，這點對他們的成功甚為重要。

但是，到了第四、五代，香港成為他們的「家鄉」，東莞於他們心目中已屬陌生的地方，對故里或同鄉甚少接觸，也沒甚麼感情，當然沒想過參與同鄉會或宗親會的活動，更遑論會出錢出力貢獻故鄉了。可以想像，當他們沒有了原來家鄉的「根」，不曾承擔貢獻家鄉的責任，他們自然失去了家鄉的支持，成了無水之魚。同樣道理，若他們視香港為家，全心投入參與社會或慈善活動，亦能藉此

獲得本地華人社會的支持，樹立華人社會領袖的形象。不過，他們只聚焦發展一己生意或出席社交場合，甚少參與社會事務，就算偶一為之也只屬表面功夫，缺乏全情投入的實際貢獻，更沒落手落腳擔起統領的大旗，故根本不能從中汲取政治能量或道德資本。當家族不再是社會領袖，便只如一般的有錢人家，政府自然也不會邀請他們出任公職，令家族不能從參政上獲得再闖高峰的力量了。

在思考人生或事業成敗的起落問題時，我們較多將焦點集中在那些顯而易見和直接的原因上，較易忽視那些間接且不甚起眼的因素。可是，毋庸置疑的現實是，那些間接而不易察覺的因素，當逐點逐滴積聚或流失時，有可能會轉化為直接而有力的因素，給個人或家族的發展帶來重大衝擊。周氏第四、五代的人力資源存量與社會資本內涵在潛移默化後產生質變，和第二、三代有了巨大差異，最後影響了家族發展大局，便是最好的說明。

周嘉豪與周嘉康

在周埈年的孫輩中，周嘉弘、周嘉碩、周嘉豪曾出現在周埈年去世時的訃聞上；周嘉康在八十年代初出生，應是周埈年最年幼的男孫。本來，最好的方法是四名男孫均作介紹，探討他們的人生際遇和事業發展。可惜，有關周嘉弘和周嘉碩的資料十分缺乏，實在無從說起，所以只能集中於資料較多的周嘉豪和周嘉康身上。女孫的資料同樣鮮見，所以本章也沒太多討論。這種安排當然並不理想，但純粹受研究資料不足左右，並非有甚麼其他原因。

　　周嘉豪為周湛樵之獨子，而周嘉康的父親則為周湛煌。兩位堂兄弟年紀相差甚遠，從所蒐集的資料來看，周嘉豪大約在 1965 年出生，而周嘉康則大約在 1980 年出生。不過，較早受傳媒關注並現身於大小報章的，乃年紀較輕的周嘉康，下文亦會先從他的際遇說起。

　　要述說周嘉康的人生故事，絕對要從父親周湛煌的事業和發展開始。周湛煌自七十年代回港後沒有加入家族企業，而是自行創業，經過大約三十個寒暑，已取得了突出成績，為家族帶來不少榮耀（詳見上一章）。自進入千禧世紀，周湛煌的子女陸續大學畢業，他亦如很多年紀不輕的企業家一樣，想到子承父業的接班問題，決定安排獨子周嘉康進入宜進利集團，親自傳授經營之道。他這樣做的原因，顯然是認為讓兒子早些到公司學習，由自己手把手指導，早日熟習公司運作，較其他家長將子女送到一些投資銀行或跨國大企業工作、學習的做法更可取。他這樣率直且充滿自信地說：

> 我做為一個生意人，曾經提攜不少員工，那為何不扶植自己兒子？我唔贊成兒子將來做其他工作，他在宜進利做一年，好過在外闖四年！他現時修讀金融及融資，日後最理想當然是兩父子攜手打天下。（《東方日報》，2003 年 11 月 23 日）

　　若細看深得父親器重，甚至被視作可一起「打天下」的搭檔的周嘉康，不難看到其成長和教育背景有父母悉心栽培的身影。[71] 從互

71　有趣的是，周湛煌除了教授兒子經商管理之道，還培養他的生活品味，例如教導他打高爾夫球、品紅酒，讓他學習那種在周湛煌眼中屬「紳士遊戲」的活動。周湛煌還特別提到，人生要有品味，追求生活享受時要識飲、識食，因為這樣才能令錢用得其所，亦可帶來更好的享受（《東方日報》，2003 年 11 月 23 日）。

聯網社群網絡平台領英（LinkedIn）的個人檔案可以了解到，周嘉康小學至中學的大部分時間，應先後在漢基國際學校和香港國際學校渡過，後來負笈美國，進入 The Lawrenceville School。[72] 之後轉到三藩市大學（University of San Francisco），擁有文學士學位，兼修金融。

進入新千禧世紀後，剛二十出頭的周嘉康學成返港，旋即在父親安排下加入宜進利集團工作，此舉明顯帶有傳承接班之意。自小在父親關懷愛護下成長的周嘉康，對父親的為人和做事十分欣賞，甚至「由衷佩服」（《東方日報》，2003 年 11 月 23 日），對於父親安排他在公司工作，為接班做準備，亦樂意接受，並覺得進入宜進利集團乃十分難得的學習機會，所以一直虛心好學，敢於接受挑戰，並對個人事業前路信心滿滿。他在回應記者關於個人理想的提問時這樣說：「我相信自己擁有香港人生意拼搏精神的特質，我的理想是做一個成功的生意人，領導一班下屬」（《東方日報》，2003 年 11 月 23 日）。

當然，年紀輕輕的周嘉康亦明白到自己學識和閱歷的不足，所以於 2005 至 2007 年間除工作外，還抽時間修讀了浸會大學的金融科學課程，提升個人在行政管理和金融業務方面的知識。可是，到他取得碩士學位不久，宜進利集團的業務便遇到了前所未見的巨大危機，不但企業難以維持，最終清盤結業收場，周湛煌本人更陷入極為嚴峻的財政困窘，儘管他在最後掙扎階段曾經轉移部分財產給周嘉康、女兒周穎夷和前妻許六瑩，但卻遭債權人全數追回。

---

72 周嘉康妹妹周穎夷亦曾在 The Lawrenceville School 就讀，她畢業後轉赴波士頓大學，唸國際關係與商業管理。

由於宜進利集團倒閉，父親又因財困兵敗如山倒，失去了大好
江山，剛三十出頭的周嘉康自然亦掉進自出娘胎以來的最大逆境，
不但接掌家族企業的計劃化為泡影，生活亦發生巨大變化。從領英
的資料看，周嘉康在 2003 至 2005 年間擔任一家香港主板上市公
司（應是宜進利集團）的公關部門主管職位，然後在 2005 至 2009
年間出任一家名為 Milus (Far East) Ltd. 的公司的董事經理。2010
至 2016 年間則創立了一家名為 Que & Company Ltd. 的公司，主
要提供鐘錶、珠寶及物業交易協調服務，並會提供離岸集資服務和
諮詢。期間的 2013 至 2017 年間，則創立 Demon Golf Lifestyle
Ltd.，主要代理 Krank Golf 的產品，亦有提供舉辦哥爾夫訓練活動
等。自 2018 年起，周嘉康還開設了一家服飾時裝諮詢公司，以及一
家名為 Q Bridge Capital 的公司。

受資料所限，我們未能知悉以上提及由他一手創立的公司的規
模、業務表現和發展狀況，惟可以看到的是，經歷宜進利集團和父
親財困問題困擾的周嘉康，迅速踏上了創業的道路，這點和他曾提
及「自己擁有香港人生意拼搏精神的特質」基本一致。可以這樣說，
周嘉康因父親生意失敗出現了人生旅途變調，遇到了挫折，但那實
在是非戰之罪，與他的個人能力和奮鬥看來並無直接關係。若然他
仍能保持拼勁，不怕苦難，日後或可闖出人生的另一片天，既為父
親周湛煌爭一口氣，亦可帶領家族東山再起。

周湛煌的突然滑落，不但令周嘉康由即將接班的「太子爺」，變
成要自食其力的「窮小子」，也間接影響了另一房的周嘉豪，令他的
人生經歷有了另一番曲折和辛酸。而周嘉豪的際遇和經歷，則可由
2013 年一些「追債」官司說起。

2013 年 3 月，周嘉豪和父親周湛樵二人被國滙信貸公司入稟
法院，追討欠債及利息合共約 180 萬元。控告書指周氏父子以羅便
臣道 1 號 21 至 23 樓的物業作按揭，借貸 170 萬元，但卻沒按協議
如期還款，所以連本帶利一併追討（《蘋果日報》，2013 年 3 月 16
日）。五天後，周嘉豪再遭金田財務公司追討欠債 222 萬元，控告書
指他和一位名叫施少萍的人，以施氏位於北角丹拿道友福園一個單
位作抵押，借款 200 萬元，但逾期未還，所以連本帶利一併向他追
討（《東方日報》，2013 年 3 月 21 日）。

由於周嘉豪父子出身名門，祖輩多為赫赫名人，周湛樵更曾任
輔警總監，在社會上很有名望，消息自然吸引傳媒追查，並曾作廣
泛報道，惟之後平靜了一段時間，不見後續發展。直到 2014 年 1
月，負面消息再起，因為周嘉豪「竟被財務公司公開追數，其灣仔公
司及半山羅便臣道 1 號住所樓下，被貼滿追數大字報，內容更涉及
他父親，前輔警總監周湛樵」（《壹週刊》，2014 年 1 月 16 日），顯
示周嘉豪的財務困難更趨嚴重，基本上已經到了無法迴避的地步。

為此，記者乃四出偵查，了解事件的來龍去脈，並在接觸財務
公司後獲對方「爆料」（透露資料），指周湛樵和周嘉豪於 2013 年
10 月向財務公司借款 1,000 萬元，並以一間公司的股份作抵押，而
該公司則持有羅便臣道兩個單位的部分業權。但當記者向周湛樵查
詢時，他斬釘截鐵地回應：「我冇陪佢（他）上財務公司，亦冇做佢
擔保人」（《壹週刊》，2014 年 1 月 16 日）。

雖然記者嘗試聯絡事件主角周嘉豪了解情況，但沒法與他聯絡
上，反而從周嘉豪「朋友」口中，得知一些周嘉豪的生活點滴與經歷，

所以記者乃按那位「朋友」提供的資料，描繪了周嘉豪的人生際遇。據那位「朋友」所指，「周嘉豪原本是一個出色的人才」，自小在父親周湛樵的嚴格管教下成長，長大後被安排到英國升學，完成碩士課程後在倫敦加入 P&G（寶潔）集團工作，曾任職部門主管，後來更在英國結婚（可能結婚時沒有事先告知父母），娶了一名英籍妻子，曾經因此擔心遭父親反對和責罵（《壹週刊》，2014 年 1 月 16 日）。

後來，周嘉豪在父親要求下返港，而父親對其婚姻亦沒如他預期般反對，令其憂慮盡消。在發展事業上，回到香港後的周嘉豪不再為人「打工」，而是走上了創業之路，做起建築材料貿易的生意，[73] 業務焦點主要放在中國大陸的龐大市場。可惜，投身商海的周嘉豪卻「染了富二代的陋習，除愛追公司內的女下屬外，還常北上冶遊」，最後「弄至太太與他離婚」。不但如此，他更因「不擅做生意而陷入財困」（《壹週刊》，2014 年 1 月 16 日）。即是說，周嘉豪可能如周湛煌般因生意經營失利、出現資金鏈斷裂的問題而四出舉債，最後掉進不能自拔的債務困境之中。

那次遭人「貼街招追數」之後，沉寂了一段時間，然後同年 11 月周嘉豪被告上法庭的審訊，再次吸引了傳媒的目光。法庭資訊披露，周嘉豪被控出示虛假公司會議記錄、訛稱已獲持有半山羅便臣道物業的公司 —— 埈玲有限公司[74] —— 的授權，以相關物業作抵押申請按揭，以及詐騙財務公司共 1,700 萬元。周嘉豪否認控罪，公開

---

73 據周湛樵的說法，則是「在國內做金礦生意，業務更拓展至中東」（《蘋果日報》，2014 年 11 月 14 日）。

74 從這個名字看，應是子孫為了紀念周埈年和梁彥玲而設立的，所以挑選了周埈年的「埈」字和梁彥玲的「玲」組合而成。

聆訊隨即展開。

　　綜合法庭審訊資料顯示，周嘉豪遭債主追債的事件，揭示他曾以埃玲有限公司的文件向財務公司申請貸款，但身為埃玲有限公司主席的周嘉弘（周湛燊之子，周嘉豪堂兄）在法庭上作供時表示，他在公司查帳時始發現該兩個單位遭被告用作按揭抵押，款項存入了被告的個人戶口，他得悉事件後立即報警。他更表示會議記錄、公司蓋章及他的簽名均為假冒（《星島日報》，2014 年 9 月 22 日）。由於事件已交警方進行刑事調查，令本來只屬錢債問題的民事糾紛，變成了刑事案件，所以變得更難解決，性質和後果則更嚴重了。

　　雖然周嘉豪本人否認控罪，周湛樵亦相信兒子清白，沒存心欺騙，但法官在聽取控辯雙方供詞與證據後，得出了指控成立的裁決，判周嘉豪以虛假文件騙取借貸罪成，量刑時考慮到被告已在父親和朋友協助下還清欠款，二來又沒有案底，因此作出酌情減刑，判他入獄三年四個半月（《東方日報》，2014 年 11 月 14 日），周嘉豪因此成為家族不光彩的一筆。

　　兒子因債務問題惹上官非，最後甚至鋃鐺入獄，令愛子心切的周湛樵十分自責，但同時亦表現得不離不棄，給予支持。一方面，他在獲悉兒子被拘捕和出現嚴重債務問題後的半年內，將名下約值 2 億元的物業套現，為兒子還清所有債項。另一方面，他在開審期間，每次都到法庭聽審，給兒子精神支持。至於周湛樵為兒子還債的金額雖沒公開，但據法官所言「餘款 8,000 萬元應足夠讓七十四歲的周湛樵與妻子另購新居」（《蘋果日報》，2014 年 11 月 14 日），可以推斷他為兒子耗費了接近 1.2 億元之巨，可說是徹頭徹尾的「視

錢財如糞土」，幾乎用盡名下財產，這與其他房的家族成員對事情不聞不問，甚至盡量與周湛樵一房「保持距離」的舉動，實在截然不同。當然，父子畢竟不是一般親戚，始終是舐犢情深。

值得注意的是，周湛樵在案件審結後接受傳媒訪問，談到一些看法和感受，並帶出數點值得注意的問題。其一是他對侄兒周嘉弘在獲悉事件後報警求助，令周嘉豪陷於更嚴重困境甚有微言，並十分無奈地說：「唔通鬧佢、摑佢咩，各有各觀點，我亦不便做和事佬，唔可以妨礙司法公正」（《蘋果日報》，2014 年 11 月 14 日）。此點既揭示曾經做過警察的周湛樵仍有一份不減的正義感，又反映家族內不同房之間感情並不親厚，甚至可能存在不少矛盾。

其二是周湛樵又指出「名人之後的稱號，多少給兒子帶來包袱」，可見生於大家族亦是雙面刃，並認為事件背後，是兒子「想做到成績畀（給）人睇」。而按周湛樵的說法，他本人不懂做生意，兒子生意上遇到困難時，他不能給予甚麼意見，而兒子亦不曾向他透露片言隻語，他是在案發後始知兒子財政狀況混亂。但他仍願子債父還，甚至為了盡快套現將物業抵押，才會招致 2014 年被貼街招追債，連自己的名聲也賠上亦在所不計，「只望兒子可翻身」。周湛樵最後表示：「佢係我個仔，我梗係錫佢，個個都想仔女好」（《蘋果日報》，2014 年 11 月 14 日）。這種宣之於口的肺腑之言，更加清楚說明他在兒子面對逆境困窘時的不離不棄、愛子情深。

若從時間發展和周湛煌生意起落分析，周湛煌創業道路取得成功，可能成為周嘉豪投身商海的學習榜樣，但同時又給他帶來巨大壓力，要爭取同樣的好成績「叻畀人睇」（做出好成績讓人家看）。

此點可能便是源於中國家族內部常見的爭逐及比較,渴望「光宗耀祖」,不想被評為二世祖的情意結。加上當年周湛霖突然去世時,接掌家族事業的周湛樵表現未見出色,沒被選上的周湛煌卻能做出一番成績。到底兩房間有沒有因此而暗生心結、相處時會不會互相較勁、私底下又會不會評論對方或拿對方說嘴,外人雖不得而知,但憑常理推斷,在這樣的環境下長大,除非周嘉豪全無奮鬥心,只想守成過平淡日子,否則他想做出一番成績的壓力顯然甚大。

到周嘉豪出事時,周湛煌早已兵敗如山倒,可能又牽引了家族內部矛盾。而且可以這樣推斷,若然沒有周湛煌的失利在先,周嘉豪就算遇到財政困難時,應該有強大的家族助力為後台,較容易渡過難關。而家族其他成員相信亦不會太計較,作出一些會嚴重傷害親人及彼此關係的事情。但當宜進利集團全面崩潰後,強大後台不再,且在金融海嘯後,家族中人可能各有財政憂慮,表現得斤斤計較亦不難理解,甚至可以說是無可厚非。

當然,我們無法斷言其他家族成員是否對周嘉豪一事袖手旁觀,或者當中有否內情,但照理周嘉豪欠款其實不多,家族應有足夠能力提供協助,[75] 為何事情卻由錢債問題惡化成刑事案件?有可能是周嘉豪一直不願開口,想靠不當方法偷天換日,導致一發不可收拾的結果;也可能反映家族成員間平時較少交流溝通,關係相當疏離,彼此間缺乏相互扶助的基礎,所以周嘉豪在面對財政問題時,

---

75 除了周氏家人,另一不可不提的人脈關係是龔仁心——即龔如心胞弟。龔仁心乃周嘉豪的姨丈,兩家雖是姻親,但以龔氏家族的財力,就算是一、二億元借貸,其實亦應只是很小數目而已。但不知是周嘉豪沒向龔家求助,或曾開口但遭拒絕,還是其他原因,外人不得而知。

可能估計就算自己開口，亦不會獲得協助。但無論原因何在，家族
始終是個命運共同體，牽一髮動全身，彼此關係糾纏複雜，某一家
族成員的變動，必然會影響其他家族成員，其微妙關係，實在不能
等閒視之。

周國勳與周國豐

　　周埈年的子孫和周錫年的子孫，雖然都來自周永泰一脈，但以
親屬關係計算，他們的血緣已相當稀薄，只稱得上是遠房親戚，兩
房間的親情和往來自然不會太密切。不過大家同樣身處上流社會，
先太祖父及祖父又曾如此顯赫，他們應有一定交往及合作。而相對
於周埈年一脈的大起大落，周錫年一房孫兒人數甚少，只有周國勳
和周國豐兩人，而且他們的際遇也沒有太大的起伏。兩房就如俗語
所說「同枱食飯，各自修行」。而從周國勳和周國豐的人生道路，或
可反映家族發展的另一面。

　　從不同資料上看，周啟賢獨子周國勳約生於 1960 年，童年
時在香港成長和受教育，七十年代初負笈美國，入讀 Wesleyan
University，獲經濟學學士學位。期間，碰上了父親突然去世的變
故，相信給他帶來很大打擊。完成大學學業後，周國勳回到香港，
投身社會，開始發展個人事業，並參與家族仍然維持的核心投資和
生意。到了大約八十年代中，周國勳結束單身生活，宣佈結婚，妻
子乃大家閨秀譚蕙菁，婚後數年的 1988 年誕下獨女周穎詩。

　　由於家族名聲顯赫，社會資本雄厚，周國勳投身社會後，自然

亦吸引各方垂青招手。不少機構及公司邀請他入股投資，或出任公司董事，藉此擴大自身的發展。周國勳就像「皇帝女唔憂嫁」，只接受那些具實力或名聲的機構邀請，如擔任東華三院總理、大生地產發展有限公司獨立非執行董事等（《星島日報》，2009 年 7 月 12 日），可見儘管那時他背後已沒有祖及父輩為他綢繆及穿針引線，家族的名氣和社會關係，仍對周國勳發展事業、經營社會資本等具有重大作用。

　　周國勳表現較突出的事業，應是擔任時進有限公司主席及經營名錶生意等。資料顯示，對名貴手錶情有獨鍾，且甚有獨特見解的周國勳，擁有多個國際著名高級手錶品牌如 Franck Muller、de Grisogono、Pierre Kunz 的亞洲代理權，在名錶收藏和代理經營方面極有名氣，可謂行業內無人不識。由於經營高檔產品生意，加上本身來自名門世家，周國勳在上流社會自然甚為活躍，經常與妻子衣香鬢影地現身各大小舞會和社交場合。

　　或者因為周國勳經常出入社會場合並參加太多男女聚會之故，他曾捲入一些感情轇輵，有過一些「花邊新聞」。例如 2002 年有傳言指他捲入一段三角戀，而他在中環經營的一間錶行亦被人用貨車撞毀部分櫥窗，貨車上貼着周氏夫婦的相片及恐嚇字句。事件一度引起警方和傳媒的注視（《蘋果日報》，2002 年 7 月 27 日），惟最終則不了了之。

　　由於周國勳經營名錶生意，而其堂叔周湛煌的宜進利集團乃鐘錶界翹楚，按道理叔姪間在生意上應有不少互動和交流，甚至會探討一些合作的可能性，實行「有錢齊齊搵」。如在 2005 年底，先

施錶行於香港上市時，周國勳獲委任為公司的副主席兼執行董事。
至 2007 年，宜進利集團以天價收購先施錶行，成為公司倒閉的導火
線。到底在這宗收購行動中，周國勳扮演了何種角色？是否因他積
極穿針引線才令交易成功？種種問題，除當事人外，局外人實在不
得而知，故更覺耐人尋味。

　　宜進利集團因債台高築而倒閉後的 2009 年，身為先施錶行副主
席的周國勳，被指延遲披露與宜進利的交易，遭監管當局檢控和罰
款。那則新聞這樣報道：

> 2008 年 2 月 26 日至 4 月 11 日期間，被視為透過其持有兩間公司，
> 收購先施錶行一間聯營公司宜進利的股權。周國勳需於收購後
> 三個營業日內披露有關權益。不過，周國勳於 5 月 13 日延遲就
> 所需披露存檔。因此，於 2009 年 2 月 12 日，周國勳遭檢控及
> 罰款合共 6,000 元，並需就延遲存檔的三次傳召向法院支付調查
> 費。先施錶行指，周國勳已向公司確認，延遲存檔是由於行政
> 疏忽所致。（《經濟通》，2009 年 4 月 3 日）

　　到了 2012 年 6 月 19 日，先施錶行停牌，周國勳辭任副主席及
執行董事（《經濟通》，2012 年 6 月 18 日）。之後，公司雖然恢復
交易買賣，但股價則疲不能興，至今（2018 年）仍十分低迷。周國
勳本人自此之後似乎亦在商界和社會上漸見沉寂。至 2016 年獨生女
出嫁，才再於報章上看到零星關於他的消息。

　　至於周錫年另一位孫兒周國豐，他的身份曾惹來不少猜測，
因有傳聞指他並非周啟邦夫婦的親生子，最關鍵的證據來自一則訃

聞。1985 年 11 月 30 日周錫年去世，周家按傳統舉喪並發出訃聞，
但令人不解的是，訃聞上並沒有周國豐的名字。若按周國豐的說
法，他應是出生於 1985 年的 6 月 3 日。[76] 若然如此，老來得子、延續
了血脈的周啟邦和譚月清夫婦，高興還來不及，怎可能在周錫年的
訃聞上漏了兒子的名字？更不可能是周國豐記錯自己的生日，並將
這個錯誤的日期告訴記者。按此推測，最合理的解釋是周國豐 11 月
30 日仍未加入周家，或周家人在這一天之前仍不知道周國豐的存在。

　　關於周國豐的身世之謎，一則 1997 年 9 月刊登於《南華早報》
的專訪，應該可以提供多一點線索。在那次專訪裏，記者曾單刀直
入詢問周啟邦：「流傳 Brandon（周國豐洋名）是收養的？」（rumour
has it that Brandon is adopted）雖然這問題帶有一點冒犯性，但周
啟邦沒有遲疑，即時回應：「他是我親生仔，我可以肯定。如果你
看他的手掌，完全和我一個餅印，[77] 很難找到有人如我般面上兩邊有
鬚，他就有，他百分百是我的。」周啟邦毫不含糊的回應，無疑乃
坊間傳聞的最有力反駁。但是，當記者緊接着追問：「那他是 Brenda
百分百的兒子嗎？」周啟邦的回應卻甚令人玩味。他說：「唔，我不
能透露」（McHugh, 1997）。這樣似乎又留下一道尾巴，讓人有不少

76　2006 年 7 月 24 日《星島日報》一則為周國豐慶祝生日的報道提到，在生日會上，
　　Brandon（周國豐洋名）說「其實我的生日是 6 月 3 日」，並指「以前的生日都在英國
　　度過，今年（2006 年）既是二十一歲生日，又是第一次在香港過生日」，而女朋友更
　　送上了特別的生日禮物，「是一個 BC603 的車牌」，令他「有個驚喜」，原因應是 BC
　　乃 Brandon Chau 的英文縮寫，而 603 則是 6 月 3 日的意思之故。

77　有趣的是，雖然周啟邦覺得兒子和他一個餅印，但兒子卻不是這樣看。在 2002 年一個
　　訪問中，記者問周國豐「你似唔似老竇（父親）？」，他的回答卻是「唔似，佢（周啟邦）
　　咁醜樣」。再追問他實在似哪一位時，周國豐卻甚為幽默地說「似黎明」（《新報》，
　　2002 年 3 月 29 日）。兩父子同樣幽默，似乎又是另一相似之處。

想像空間。

　　還有一點必須補充，記者在那個專訪中花了不少篇幅交代一則花邊新聞，表示在訪問結束後，她離開周家大宅轉赴另一約會，途中發現她的手袋中有一封內有 5,000 元現金的利是。她感到意外，並隨即致電周啟邦，問他為何這樣做，並請他收回，若不，她只好捐作慈善。周啟邦的回覆是請她收下，不要感到尷尬，並解釋他本想買個鱷魚皮手袋送給她，但不知她的品味，因此覺得現金較方便，這樣她可按個人喜好選擇，而他給利是（禮物）的舉止，並沒甚麼特別意思或目的。他更表示不會對所有人做這樣的事，因為快到中秋節之故，又指那（利是）只是很小意思，請她不用多慮。

　　為此，記者指出，她最後只好將那封利是捐作慈善，並因感到困惑而致電一位名叫 Philip Plews 的人，他是周氏夫婦的朋友。對方表示，周氏夫婦其實為人慷慨，常做慈善。意思是記者將利是用作捐獻的決定沒問題，這才令記者減少了一些罪咎感，並在文章末尾部分不無玩味地指：「我估計，給錢記者應是他們令人驚奇的樸實一面」（I suspect handling over money to journalists is part of their striking guilelessness）（McHugh, 1997）。

　　不過無論周國豐是否他們夫婦的親生子，可以肯定的是他在父母悉心栽培和愛護下成長。他在香港完成小學和初中教育後，被父母送到英國，入讀 Worth Abbey School，繼續中學課程，然後於 2002 年考入白金漢大學，修讀法律，之後轉到倫敦大學，修讀法律碩士課程，畢業後返港。投身社會後，求學時期曾在父親周啟邦的律師樓實習一段時間的周國豐，取得大律師資格後獲著名資深大律

師清洪收為徒弟，發展動向一直吸引傳媒目光，亦被看高一線（《太陽報》，2006 年 1 月 25 日）。

　　但是，周國豐日後卻沒在法律界大展拳腳。資料顯示，在 2007 年時，周國豐一度向傳媒表示，他曾到美資金融巨擘摩根史丹利投資銀行實習，似是有意投身金融投資業務。然而，過了不久，周啟邦身體出現問題，後來更證實患上癌症，健康轉壞。為了不想父親有遺憾，他於 2009 年與談戀愛已有一段時間的女友黃泳霖進行了造人和結婚的人生大事，[78] 滿足病榻上的周啟邦想他成家立室和抱孫的願望（《太陽報》，2009 年 9 月 10 日）。對於那時的連串舉動，周國豐日後回憶時這樣說：

> **很大轉變，那年我剛讀完書，取得大律師資格。我知道他有cancer，感覺都幾複雜。我只有二十五歲，就決定成家立室和做大律師，去滿足他最後的心願。這事令我更早成熟起來。（譚淑美，2016：C03）**

　　正如上一章提及，2010 年 2 月初，黃泳霖誕下一子，是為周禮淳，[79] 讓彌留之際的周啟邦看到了孫輩延續。長孫出生四天後，周啟邦與世長辭，結束了被公眾視為「金粉人生」的傳奇。

---

78 黃泳霖亦來自富裕家族，父親黃振昌乃製衣廠老闆，一家居於清水灣。黃泳霖本人亦十分突出，在劍橋大學工程學院取得一級榮譽畢業後，曾加入跨國投資銀行工作。

79 2012 年，黃泳霖再誕下一子，是為周禮熙。到了 2019 年，周禮鈞出生，成為周國豐和黃泳霖的第三名兒子，他們夫婦似乎明白到家族人丁壯旺的好處，所以「努力造人」，此點與大多數「八十後」青年明顯頗為不同。

　　周啟邦去世後，周國豐的生涯規劃出現的變化更大，最引人注目的，則是放棄那份讓不少人甚為艷羨，且是按周啟邦要求的大律師工作，改為下海經商，以「富二代」的姿態進軍商界（譚淑美，2016）。[80] 他先是於 2012 年在跑馬地開設高檔床褥店 Vi Spring，然後翌年在海怡新廣場開設 Luxury Bed Studio，兩者都走高檔睡床與床褥的路線，銷售歐洲高檔床褥用品（《頭條新聞》，2015 年 12 月 18 日），並定位於「代理多個全人手製作、每張幾十萬起跳的高級皇室床褥」品牌（《壹週刊》，2017 年 3 月 16 日）。

　　到了 2016 年，他更與友人合夥，在中環開設一家「集男士服飾、理髮店和酒吧於一身」，標榜屬「紳士俱樂部」（gentlemen's club）的生活品味店 Attire House，為那些能夠一擲千金的富商名人提供「高端」服務。與此同時，他還觸角敏銳地察覺到物業地產與飲食業的商機，並曾投資其中，開拓更多生意門路，一心要把生意做大做強，並且常常接受傳媒訪問，似是要利用個人知名度為個人生意做宣傳，增加開拓業務的成功機會（《東方日報》，2016 年 6 月 11 日；譚淑美，2006；張嘉敏，2016）。

　　下海經商的道路總是常有風浪，風險難料，周國豐能否闖出名堂，如祖輩般名揚四方，為自己增加財富、書寫傳奇，實在言之過早。他在 2016 年接受記者訪問時，「談吐不時帶點傲氣」（譚淑美，2006），談到與父親周啟邦的關係及事業轉變時，有以下兩點值得我們注意及思考。

80　傳媒以「富二代」稱呼他明顯與事實不符，其實他已是第五代了。

其一是他「少年時非常抗拒」如父母般作標奇立異的打扮，「當被迫穿上了，便發脾氣不作聲」，並表示「我常因這事跟他們鬧交（爭執）。他們後來諒解我，就讓我穿回自己的風格……父親喜歡穿很誇張的衣服，我就喜歡比較 classic 的」（譚淑美，2006）。

其二是他覺得做大律師的壓力太大，又指那種工作「不是我的一杯茶，不適合我」（譚淑美，2006），暗示當初挑選律師專業，是父親「很想我做律師」之故。正因如此，他在周啟邦去世不久，即按個人意願放棄法律專業，投身商海。

人生總會經歷由青年至成年，然後老年的不同階段，而不同階段則會有性格上的不同特徵。青年時期總是性格反叛，成年後則趨向穩重，周國豐的性格顯然亦按這樣的軌跡前進。青年時，他曾有反叛的行為，常會與父親爭拗，對於父親強加於他或為他設計的人生道路，總是諸多不滿。雖則如此，他始終按着父親心意，在求學、選科或事業上都對父親「言聽計從」──雖然他內心未必同意，所以難免出現父子間的矛盾。有趣的是，其父周啟邦亦曾自言少年的夢想是闖荷李活，但最後也是遵循了周錫年的要求當起律師來。

但是，當進入成年階段，父親周啟邦去世而自己又有孩子後，周國豐對於父子關係顯然有了更深刻的體會。不過在事業上，他最終選擇忠於自己，投身商界，而非擔任執業律師，並按個人興趣發展事業。這與當年周啟邦的事業抉擇不一樣，因為周啟邦始終留在法律界，只在下班後的社交場合才發揮表演欲，隨興地過日子。

在接受另一記者訪問時（張嘉敏，2016），他還提到自己曾經與

父親甚少溝通的問題，並暗示無論是做大律師、結婚和生子，其實都是為了滿足父親的願望，此點亦反映了他秉性孝順的一面。他這樣說：

> 我跟爸爸的年紀差距頗大，某程度上溝通不到，他亦不太明白和了解我小時候的想法和需要。到後來赴英留學，我亦變得很獨立，甚少理會家人，即使爸爸經常寫信給我，但我卻沒有放在心上，只顧做自己的事，就算放長假也未有回港陪他們。直到畢業返港後，爸爸就患病了，那刻的我才頓覺自己這麼多年來都沒有好好跟他相處，未有好好孝順他，現在想起也覺遺憾，所以當時我亦盡快完成他的一些心願，包括成家立室、生小朋友、做大律師等，全都趕及在爸爸離世前完成，讓他能趕得及見見孫兒，不會帶着遺憾離開。（張嘉敏，2016：D10）

俗語有云：「無仇不成父子」。周國豐和周啟邦之間顯然也是這種情況。年輕時的周國豐曾有過不少反叛行為，但基本上還是一個孝順兒，尤其在周啟邦人生的最後階段事事均作出配合，儘管很多事情他既缺乏興趣、亦不認同，甚至尚未準備好，他都如古訓《弟子規》「父母呼，應勿緩；父母命，行勿懶」的教誨，一一完成，令周啟邦「最後無憾地離開」（《明報》，2010年2月10日）。

周國勳和周國豐雖然年齡相差頗大，但一如大多富商巨賈家族的後代子孫，基本上過着衣食無憂的奢華生活。他們選擇的經商之路，同樣是開店經營高檔產品，主打生活享受，並將歐洲名牌產品引入香港。而且他們二人同樣活躍於上流社會，乃舞會常客，個人衣着一絲不苟，注重生活品味和生活享受，這些生活方式，與他們父親一代可

謂甚為相似。與周嘉豪和周嘉康兩位疏堂兄弟相比，他們的人生較少曲折，沒有經歷血汗辛勞，仍能憑着祖及父輩留下的巨大財富和社會資本享受生活，這樣的人生，肯定讓很多人艷羨不已。

周氏其他諸房的另闢蹊徑

世事發展有時確實存在民間俗語所說的「風水輪流轉」現象。過去一直名聲響亮的周埈年和周錫年兩房，進入第四、五代時已漸露疲態，發展似不復當年勇。相反，過去較為低調的其他各房，尤其周耀年、周煥年及周鴻年的後人，似乎因為重視教育，堅持周卓凡「家無讀書子，功名何處來」的遺訓，[81] 故他們的子孫不少均學有所成，有些成為專業人士，有些則馳騁商界，所以仍能穩佔社會頂層的位置。為了讓社會大眾對這個香港世家大族有更全面的了解，以下篇章會勾勒其他諸房的發展狀況，以及第六代的一些發展趨勢。

正如前文各章提及，香港重光後，仍在生的「年」字一代，除了周埈年和周錫年出盡風頭外，其他如周植年、周昌年、周耀年、周煥年、周億年等，亦有不少突出表現。舉例說，周少岐一脈的周植年生於 1907 年，他與胞兄周埈年在事業或工作上似乎頗有默契與分工，所以較少參與社會公職事務，而是守在幕後，主力負責打理家族企業，令生意可以維持穩定發展。周植年育有三子（達權、達

---

81 正如第三章提及，周卓凡應是家族培養以考取功名的「尖子」。可惜，他一直未能如願，到了晚清時期，朝廷更廢除了科舉，令周卓凡「踏上仕途」的夢想幻滅。雖則如此，他看來一生對功名仍念念不忘，極為重視子孫後代的教育，而教導時仍以「功名」為着重點。

經、達光）三女（愛蓮、美蓮、寶蓮），大多投身商界。由於他們作風低調，留下的資料不多，坊間了解甚少。

同樣地，在周卓凡一脈中，相對於周錫年活躍政治與社會服務，周昌年似乎看管家族生意與投資，其他諸弟如周耀年、周煥年及周億年等，則各自打拼他們的專業或事業，這種做法，顯然亦是要達至家族內部各有分工、多元發展，避免將所有成員集中於單一層面或生意上。正因他們各自埋首事業，並非公眾人物，知名度自然沒周埈年和周錫年高。

由於周家發展至第三代，在香港已成為一個根深葉茂的大家族，顯然亦如不少家族一樣，特別重視人才的培訓，投入大量資源於教育之中，則是其中一個重大特點。在這樣的家風下，周昌年、周耀年、周煥年及周億年的子孫，均出現很多高學歷的專業人士，所以能在政商界取得突出表現。周昌年育有七子三女，可謂血脈繁衍。除了長子啟源早殤，其他子女長大成人後均各有不錯出路。例如次子啟芳和四子啟煊主要負責打理家族生意，三子啟錯為執業西醫，五子啟猷及七子啟綸投身教育，六子啟忠則在跨國公司就業。

而周昌年的弟弟，屬香港第一代華人建築師的周耀年，對子女的教育顯然亦十分着緊。周耀年育有三子一女，數目雖較周昌年少，但事業則更出色。舉例說，長子啟鏗為小兒科專科醫生；次子啟聰為英國皇家商科學院院士，在保險業界甚有名聲；三子啟謙為建築師，與父親屬同一專業，並與父親一起設立「周耀年、周啟謙建築工程師事務所」，成為一時美談。至於周煥年與周億年，雖然重視教育，但子女數目則較少；前者有二子一女，後者則有一子二女。

家族成員雖精英不少，但人數不多，這點成為周氏家族發展動力出
現重大轉變的其中一個關鍵所在。

若果再細看諸房「國」字輩家族成員的人生和事業，還是可以
很清晰地看到「學歷高」、「子女數目減少」這兩大特點。就以子女
數目明顯減少為例，在周昌年的諸子中，生於 1920 年的周啟芳婚後
沒有生育；生於 1929 年的周啟鍇育有三子（國強、國璋、國亮）一
女（嘉齡）；生於 1929 年的周啟煊沒有結婚亦沒有子女；至於生於
1930 年的周啟猷、生於 1931 年的周啟忠和生於 1937 年的周國綸，
依次育有一子（國頌）、三子（國柱、國裕、國華）及一子（國釣〔原
文如此，疑為鈞字之誤植〕）二女（嘉穎、嘉怡）。在周耀年的諸
子中，生於 1924 年的周啟鏗育有一子（國榮）一女（淑儀）；生於
1928 年的周啟聰亦育有一子（國安）一女（淑敏）；而生於 1930 年
的周啟謙則育有一子（國樑）二女（淑賢、淑嫻）。其他如周煥年、
周鴻年、周億年等，他們的兒子所生的子女數目亦不多於三名，與
上一代相比，明顯相差甚遠矣（周植年，1989）。

雖然每一房的子女數目銳減，但這些「國」字輩的成員由於學
歷高，不少擁有突出專業，所以他們能在事業上取得不錯的發展。
舉例說，畢業於英國白金漢大學，擁有法律學位的周國榮乃投資銀
行羅富齊公司（香港）的主席；擁有英國愛丁堡大學醫學學位的周
國安乃眼科專科醫生；先後在英國樸茨茅斯理工學院（Portsmouth
Polytechnic，即今日的 University of Portsmouth）、盧布路科技大
學（Loughborough University）及利茲大學（University of Leeds）
取得工程學士、建築學碩士及交通規劃碩士的周國樑乃高級工程
師。可以這樣說，由於這些「國」家輩家族成員如他們的父輩般一

周卓凡二子周耀年育有三子一女：周啟
聰、周慕貞、周啟鏗、周啟謙

周耀年之長子周啟鏗配室李碧鈿

周耀年三代同堂在淺水灣 79 號

直埋首事業，既沒興趣參與政治，亦不喜愛出席衣香鬢影的社交場合，作風低調，所以名聲不響。而他們和人相處時，亦少了大家族的習氣，更為平和可親。

分枝眾多的世家大族，家族成員總是各有人生追求和理想，有人喜歡在鎂光燈下備受注目，有人寧可低調生活；有人喜歡從商，自立門戶；有人則選擇專業路線。周昌年、周耀年及周煥年各房的子孫，儘管並非社會上的「知名人士」，但他們能夠憑個人才能與專業，建立自己的事業，而非坊間形象定型的「坐享其成」，顯然十分難得，他們的故事則有待日後進一步開發。

作為香港其中一個顯赫世家大族，周氏家族的子孫後代與發展格局，顯然有不少共同之處。與祖輩在政商及社會不同層面均叱吒一時相比，由於他們不再踏足政壇，或不再以社會賢達的身份擔任重要慈善組織的領導，所以名氣回落。但他們在學歷與專業資歷上則往往較祖輩有過之而無不及。另外，由於屬於二戰以還出生世代的緣故，他們對婚姻及生兒育女等觀念明顯有了很大變化，子女的數目亦銳減，成為影響家族發展不容低估的因素。

周氏家族第六代

若以每一世代約三十年計算，香港開埠大約二十年後周永泰攜妻到港生活至今，已超過一個半世紀，顯示這個家族的發展，實在見證了香港社會的滄海桑田、巨大變遷，而周氏各代無論艱難創業、游走政商、指點江山、歷經災難，甚至逃避戰火、東山再起，

然後呈現了風光不再的格局等，均見證了香港前進的道路與種種挑戰，因而十分值得思考和咀嚼。

當中國政府和英國政府就香港前途問題進行談判之時，周氏家族的第六代人已經出生，成為香港社會進入歷史轉捩點的見證人。由於出身於顯赫世家，部分第六代那怕物質基礎不如祖、父輩豐厚，亦沒有太大的政治與社會能量，但畢竟仍能過着極為優裕的生活。當然，所謂「十隻手指有長短」，像周永泰這樣枝葉繁盛的家族，難免亦有部分成員已經洗盡鉛華，工作及生活與尋常百姓家的孩子無甚差異了。

雖然不少周氏第六代才剛踏足社會，發展事業、組織家庭，有些更仍在襁褓之中，而有關這世代成員的資料更是十分缺乏，能夠搜集到的不多，但在本節中仍想作概括介紹，粗略地談談他們的發展狀況，因為無論是從香港開埠至今近一百八十年歷史與社會變遷的角度，或是從家族發展的角度，均能帶來值得思考的問題，具有十分特殊的意義。

綜合手上僅有的一些零碎資料，作為周永泰家族第六代成員之一的周國勳獨女周穎詩，約生於 1988 年 8 月，在香港完成小學教育後，被父母送到英國貴族女校 The Cheltenham Ladies' College 就讀（《東方日報》，2007 年 10 月 12 日），目標除了希望她學得基本知識啟蒙思想外，當然還有貴族教養，可與同樣來自富貴家族的子女結交，培養更好的社會資本，以助將來人生及事業的發展。

據說，由於深受母親藝術修養和品味的薰陶，周穎詩自小已

表現出對藝術設計的興趣及天分。而她求學時的成績應相當不錯，故在完成中學課程後獲美國史丹福大學取錄，入讀文學院，主修Studio Art（《東方日報》，2007 年 10 月 12 日）。她曾在訪問中透露自己無意協助父親打理生意，反而想從事與設計相關的工作，並渴望成為一位時裝設計師（《星島日報》，2009 年 7 月 12 日）。

取得學位後的周穎詩於 2015 年左右回到香港，並旋即投身藝術與時裝設計行業。在事業剛起步之際，她作出一個讓不少人感到意外的決定：結束單身生活，於 2016 年 11 月初與同樣來自大家族（郭鶴年家族）的戀人 Justin Kuok 結婚（《東方日報》，2016 年 11 月 7 日）。由於近年晚婚、遲婚現象愈趨普遍，故才二十八歲的周穎詩這麼早便另組小家庭較為少見。不過無論如何，她與丈夫同樣來自世家大族，亦屬「強強結合」。

周穎詩人生進入新階段之時，周國豐的兒子們周禮淳、周禮熙和周禮鈞仍在幼年，禮淳剛入讀小學，禮熙在幼稚園，禮鈞則仍在襁褓之中；其他周氏家族的第六代相信亦在不同人生階段，努力摸索着自己前進的道路。儘管他們的未來事業、道路和際遇仍屬未知數，但不少人都認為他們已難如祖輩般顯赫，在政商界盡領風騷，相反，家族應該會慢慢歸於平淡。為何會有這樣的預測？主要原因可分為外部及內部因素兩項。

首先，時局變化總是成為家族起落興替極為重大的決定性因素，揭示了「時勢造英雄」的民間智慧甚具參考價值。相反，能夠「英雄造時勢」者，則可謂十分罕見，因為個人或家族其實只能被動地回應自然或社會大勢的轉變，很難任意而為、隨心所欲。從這個

角度說，香港開埠之時，周永泰與妻子因為看到世界大勢，覺得作為英國殖民地的香港更有發展潛力，所以不惜冒險移居香港，日後又安排諸子分途並進，學習中西之學，因而令長子周少岐有了重要突破，並有了富過多代的傳奇。

但時至今日，香港已非英國統治的殖民時代，周氏第五、六代仍沉醉於祖輩，一如既往地以掌握英語、有英國關係作自己的社會資本，強調家族與英美上流社會的種種互動，甚至以與英國皇室有交往而自豪。惟這樣的觀點或視角，顯然有昧於形勢，若家族中人仍堅持繼續抱殘守闕、不作改變，相信他們在香港較難獲得更大的政治能量，如先輩一般政商兩和、創出更好成績了。

由此帶出的核心問題是，洞悉時局去向和社會發展脈絡，乃個人或家族能否乘風破浪的核心因素，至於第五代沒法如祖、父輩般顯赫，難以做出耀眼成績的問題，說到底又與他們未能如祖輩般掌握大局大勢有關 —— 那怕促使個人和家族發展的因素紛陳雜亂、錯綜複雜，不同世代的環境又呈現巨大差異，而基本上又可假設他們的個人才智與先輩沒有高低之別，惟總體上說則相信與「優勢已失」有關。

若果回顧周氏家族之所以能夠在香港書寫傳奇，實在與每一代人均看到時代重大轉變所帶來的巨大潛能和機遇有關，並能先拔頭籌，不怕吃苦地深耕細作，所以能夠先人一步嚐到甜頭，從而可以發光發熱，將個人和家族的名字深深地鑴刻在香港的歷史上。可是，一個不爭的事實是，自 1841 年香港開埠至今，社會其實亦經歷了多番巨變，大英帝國更由「日不落國」的世界霸主或「老大」地

位，逐步淪落至今天只屬歐美經濟體中並不起眼的一員，周氏家族過去所依仗的優勢自然亦一去不返。即是說，過去一直能在巨變中看到當中機遇的周氏家族不同世代成員，自上世紀七十年代周湛霖和周啟賢去世後，則難再有看到大勢轉變而成功抓緊者。

　　較能說明問題的例子，是上世紀七十年代以還，一來中國實行「改革開放」政策，二來則決定收回香港主權，兩者均令香港政經結構和社會生態發生重大變化，但周氏家族此時的領導人物，卻未能洞悉全新時局轉變，如祖輩般作出先拔頭籌的應對與綢繆。周湛煌算是家族中的異數，率先返回內地設廠，據說後來周嘉豪的建材生意也曾瞄準內地市場，可惜他們雖能洞察時局變化而作出重大努力，卻因心急冒進，最後功敗垂成。

　　同樣不容低估的問題，是家族人力資源迅速萎縮，成員更加注重個人生活品味和享受。相對於祖輩強調多子多福，子女繁多，又仍然戒奢尚儉，第五、六代則不但十分注重個人生活品味和享受，又較認同晚婚或不婚，同時亦選擇少生或不生，所以呈現子女數目銳減的問題。這種小家庭的結構模式，雖然可令家族財富較為集中，享受極為奢華的生活，卻削弱了家族人才或人力資源的多樣性與互補性，當遇到個別子女出現變故時，尤其會凸顯家族人才不繼的問題，為其長遠發展帶來嚴重衝擊。

　　更加不可不察的現實是，自八十年代以後，家族雖仍擁有豐厚財富，但由於再沒成員直接參與政治，失去了在本地、台灣、中華大地甚至英國的政治影響力。另一方面，儘管過去一直吸引傳媒鎂光燈的周埈年及周錫年後代似乎顯得風光不再，但周昌年、周耀

年、周煥年及周億年的一些後代，似乎又因高學歷及走上專業道路
有了不錯的發展。當然，若然純從議政、論政或參政的角度看，家
族無疑失去了昔日既可指點江山，又可號召群眾的能力，惟因不少
「國」字輩成員畢竟學歷高、專業性強，若然他們願意參政，或者有
某些際遇配合，為家族帶來中興，相信不是不可能之事。

結 語

　　由移民到扎根繁衍，走過約一個半世紀的周永泰家族，第五、
六代的子孫，不少已如大多數新世代的香港人般，因成長於物質豐
厚的環境，失去了頑強刻苦的鬥志，亦面對香港經濟已成熟飽和，
能夠開拓事業的機會有限，以及全球化下競爭激烈，能夠突破的空
間不多等環環緊扣的問題。部分家族成員或不甘於藉藉無名，為了
爭取表現而主動出擊，但不少遇到挫敗即一沉不起；又或過於急躁
冒進，未察風險，反令自己身敗名裂，甚至牽連家族。但若因害怕
失敗而失卻奮鬥之心，則是因噎廢食，並不可取，更難帶動家族中
興。儘管至今為止尚無可以保證一個家族長久興旺的靈丹妙藥，提
升子孫教育明顯屬於社會公認較能產生良好效果的方向，這相信亦
是周卓凡「家無讀書子，功名何處來」的遺訓仍為周氏後人奉為圭臬
的原因所在。

　　就像千多年前，唐朝詩人劉禹錫那首〈烏衣巷〉中的名句「舊
時王謝堂前燕，飛入尋常百姓家」，至今仍令人感觸良多。始終，就
算是烈火烹油、鮮花着錦的世家大族，亦難免有開到荼蘼的凋零結
局。而周氏家族經歷的幾許風雨足跡，在在說明揚帆出海的進程，

自然不可能碧波無浪。要令家族繼續在香港穩佔一席，家族成員除
了要努力讀書、加強子女教育，更應磨練眼光、認清時局變化，加
上時刻力爭上游、自強不息，才可令個人或家族不至遭時代巨輪吞
噬，並可再次破浪前進。

起落興衰的思考

引言

　　曾幾何時,周氏家族在香港極負盛名,既為社會發展作出不少貢獻,亦見證了香港歷史,並引領社會前進。第一代的周永泰如當時大部分移民,為了更好的生活移居香港,到埠後克勤克儉,只着眼改善生活。至第二代的周少岐、周卓凡昆仲,第三代的周埈年、周錫年、周耀年等諸人,一步一步攀至政治及社會的最高層,為家族打響名聲並建立極優厚的經濟資本。當時,社會大眾甚至將香港大老周壽臣和他們混為一談,誤以為同屬一脈,令這個家族的社會地位和威望更為突出,歷久不衰,成為突破「富不過三代」宿命的表表者、不少家族爭相學習的榜樣。

　　然而,有了前三代打下的極重要基礎,「富過三代」且已積累豐厚社會資本之後,第四代的周湛燊、周湛樵、周湛煌、周啟賢、周啟邦,以及第五代的周嘉弘、周嘉康、周國勳、周國豐等,卻又未能更上層樓。雖則如此,那怕他們才華不算頂尖,亦不用付出甚麼辛勞與汗水,卻仍能憑着祖及父輩留下的財富及福蔭,過着錦衣華食、無慮無憂的豐裕生活,顯示先輩留下的仍能庇蔭後人,讓他們可以快速建立起自己的事業,或自由自在地灑脫過活。儘管如此,第四代以後的周氏家人,個人事業或社會認同方面卻始終比不上祖及父輩,那怕他們的不少成員屬專業精英,身家財富仍然極為豐厚,甚至仍屬於社會上層,但無論政治影響力、社會地位及名望等均已大不如前。由於周氏家族曾創造輝煌,卻又歷盡風浪,留下的教訓和啟示,以及所折射的社會巨大變遷,實在極為濃郁深刻,本章從綜合分析的角度出發,作出一些扼要探索和思考。

由移民到扎根

上世紀七十年代之前，香港雖然開埠已長達一百三十年，仍被稱為移民社會，主要原因乃本地出生人口只佔少數，移民人口卻為大多數之故。那時的周氏家族已在香港扎根多年，家族已由第四代擔起了領導家族和企業的重任。正因如此，深入了解周氏家族由移民到扎根的過程極為重要，且甚具歷史意義，因為這個過程可以揭示社會的巨大變遷，以及不同階段化危為機的關鍵。

香港開埠不久的十九世紀五十年代末六十年代初，年輕的周永泰與妻子李氏一同移居到港，雖有背城借一以尋求更好發展機會的色彩，但他們在香港站穩腳步，甚至打開局面積聚一定財富後，仍選擇回鄉買田置業、修築祖墳，而周永泰長眠之地亦選擇回歸桑梓。這些舉動一方面有讓兒子原籍應考科舉的實際考慮，但更重要的是揭示了傳統華人渴望落葉歸根的情懷，並依然視香港為寄居地。這點雖有其歷史局限，但十分清晰地讓人看到，那時的殖民管治並不能令移民世代產生「賓至如歸」的歸屬感，故華人多不願意留下扎根。

周氏家族由移民改為扎根的轉捩點，顯然是在第二代。周少岐昆仲因為在香港出生成長，且在本地就學，掌握中英雙語，又熟習本地文化、商業倫理與生活習慣，並且能夠溝通華洋雙方，所以能夠抓到當時社會的發展空間，在事業和生意上取得突出成績。由於那時香港極缺乏精通中英雙語的人才，周少岐自踏出校門即成為炙手可熱的人物，他首先選擇服務於殖民地政府，掌握政府的辦事規則，同時建立起個人的關係網絡。

　　周少岐之後轉投商界，由於他能溝通華洋中西，加上早前曾服
務於殖民地政府，既掌握了官僚體系的運作和邏輯，亦擁有一定門
路與關係，所以更能面面俱圓地游走於華洋政商之間，成功建立起
自己的事業，積累財富。在過程中他與不少殖民地官員及華人領袖
建立起穩固關係，為下一代創造更有利的發展條件。

　　傳統上，華人離鄉別井總想要落葉歸根，第一代的周永泰亦
是如此，最終還是選擇回鄉安葬。可是到周少岐昆仲一代，心態明
顯有了重大轉變。由於他們在香港名成利就，左右逢源，加上已開
疆闢土，為家族後人留下穩固基礎，故香港可算是他們的福地，他
們對之產生感情亦是理所當然。這種心態變化，具體表現在十九、
二十世紀之交時，他們與其他華人精英牽頭，向殖民地政府爭取土
地闢作「香港仔華人永遠墳場」一事上，當中最能說明他們決心扎根
香港的訊號，自然是該墳場屬「永遠」的性質，而周少岐更在那個墳
場中購入一幅不小的地皮，作為周氏家族的墓園，可見他已有永久
定居於港的打算。

　　周少岐獲得殖民地政府垂青，先後獲委任為潔淨局（即日後的
市政局）和定例局（即日後的立法局）議員等，清楚反映周氏家族的
根已深深扎入香港的最高階層。他游走於殖民地官員與華人社會之
間，並因具政治忠誠和才華，獲得官員或是洋人大班（即洋行老闆）
的信任，讓他一步一步攀升上人生與事業的高峰。雖然周少岐出任
定例局議員的日子不長，但卻鮮明地凸顯他已經通過了殖民地政府
的政治忠誠和才能考驗，從此奠定周氏家族作為香港其中一個華人
望族的地位。

周埈年祖母李氏之墓　　　　　　　　　　周埈年父親周少岐之墓

　　對於不少華人移民而言，留在香港生活的主要原因，是這裏有利謀生、社會穩定繁榮，可以看到更美好的未來；或是家鄉過於貧窮落後、治安不靖。但對於周氏家族而言，則應與他們獲得殖民地政府吸納與重用有關。自周少岐去世後，其子姪周埈年和周錫年基本上沿着周少岐的人生道路：接受優秀教育、精通中英雙語，投身社會時游走於政商華洋之間，積累財富的同時並不忘政治參與，而他們的充分效忠亦令他們同樣獲委以重任，不但先後獲委任為市政局和立法局議員，還可更上層樓，進入港英政府的管治核心——行政會，甚至獲大英皇室頒贈爵士頭銜。這樣耀眼的成就與巨大利益，自然更令他們堅信香港為適合家族發展之地，願意把根深深扎下。由是之故，自那時起，他們和子孫後代已經徹頭徹尾地認同本身乃扎根香港的家族，不會多想東莞的祖籍，當然亦極少與祖籍地

有任何重要接觸聯繫了。

由多子多福到少生優生

千百年來，中國文化因為重視血脈，所以長久以來把血脈視為永恆不朽的印記，一直提倡多子多福，並將「無後」視為極大不孝，要盡量避免。可惜，這種價值觀念和意識，在周氏數代人的經歷中，卻又出現了明顯變化，尤其能見證生育觀念在近代的巨大變遷。因為周氏家族到了第四、五代，子女數目已經銳減，有些成員甚至選擇晚婚、不婚，或是少生、不生，那怕他們根本不會有養育不起、負擔不來的經濟問題。至於這種不願生育的選擇，給家族的發展卻帶來甚為深遠的影響。

具體地說，在周永泰的時代，多子多福的思想仍根深蒂固，亦為他們所熱切追求，所以那怕家境尚不算富裕，周永泰仍與太太生育了四子三女。可惜，因為醫療條件惡劣，一子未及成年已夭折。而他們在資源有限的環境下為子女提供最好的教育，則成為家族日後得以壯大的重要基礎。

到周少岐和周卓凡的年代，因為家境已有了很大改善，物質條件豐厚，所以他們亦努力開枝散葉。如周少岐正室為他誕下九子一女，四名姿室亦共誕下四子三女；周卓凡則有一妻三姿，合共誕下八子六女；周蔭橋亦娶一妻三姿，不過子女數目較少，除正室誕下四子一女外，姿室並無生養。可惜，由於當時的醫療條件欠佳，疫病流行，加上家族遇到嚴重天災，故他們的子女有超過一半早夭，

能活至成年的第三代只有十四男六女，夭折率之高可見一斑。可以想像，若周少岐等人只育一兒半女，碰上天災病禍，恐怕這個家族早已人丁凋零，消失在香港的歷史之中，更沒可能有向上發展的力量了。

不過，到了第三代，周氏子孫沒有大量繁衍，每房平均生育數量反而漸趨萎縮。其中的核心因素，當然與現代社會「少子化」的思想有關。周家的第三代自幼接觸西方文化和思想，例如自小在西式學校就讀，長大後又多負笈海外，在歐美等地有實質生活經驗，故深受西方社會的自由主義、個人主義風氣的影響，加上醫療技術的進步，無需再多生子女來「買保險」，所以無論周埈年、周耀年、周錫年等，每人生育的子女數目平均只有五名，明顯較上一代少很多。

到了第四代，多子多福的觀念更是一去不返，取而代之是少生優生的風氣，所以無論周湛燊、周湛樵、周湛煌或周啟邦，子女的數目均是兩名起、三名止，只有周湛榮及周啟賢子女較多，至於二人多生子女的原因，應與這房碰到的問題有關。例如，周蔭橋之孫周湛榮，由於祖父周蔭橋的子女數目不多，其父周炳根更是唯一能長大成家的獨子，故周湛榮可能想多生子女，以保這房的血脈延續。至於周啟賢則身為周錫年長子，所生卻多為女兒，可能因擔心將來無人繼承家業，故有意「追仔」。不可不提的是，在第四代中，不少人選擇了單身或無子，如周湛霖一生未婚，去世時沒有子女血脈，周啟邦則年過半百才有一子 —— 雖然他結婚年齡不晚。以上情況，進一步揭示大家族過去一直追求百子千孫的現象，已經一去不返了。

　　至於第五、六代，由於他們大部分年紀尚輕，子女數目自然不多。不過可以預言，在全球化資訊無遠弗屆，且更加追求個人生活的年代，相信他們更不會認同多子多孫多福的觀念，自然亦不會多生子女，就算願意結婚生育，子女的數目應該也是一名起、兩名止而已，除非有特殊原因，否則應不會有人生養超過三名子女。這種情況，進一步確定這個家族只會和「人多勢眾」愈走愈遠。

　　在探討家族延續與發展問題時，很多時大家都把目光集中到家族內部矛盾、分家析產，甚至是有否做好傳承接班等問題上，甚少思考家族人力資源變化這個關鍵點，故難免產生見林不見樹的問題，未能充分掌握家族發展動力從何處而來這個核心問題。而周氏家族的起落興衰，從某個層面上說，其實與家族人力資源升跌多寡有關。

　　一個不爭的事實是，一至三代能夠興盛起來 —— 那怕第二代曾遭到嚴重災難打擊（參考下一節討論）—— 與家族人多勢眾、人才濟濟關係甚為密切。一個簡單的數字問題是，子孫人數多了，在養育與供書教學方面當然要花費巨大心血與財力，這對財力不足的小家庭自然造成沉重負擔，但對富甲一方的大家族來說，卻絕不構成問題。對大家族而言，子孫眾多的潛在問題是有機會導致內部爭奪和矛盾加劇，而在分家析產時會令資產太過分散，不利資本積聚。

　　儘管多子多孫有可能對大家族的發展有負面影響，但卻不用過分誇大或擔憂，因其正面優勢遠比負面影響強。首先，內部爭奪和矛盾其實並非不能解決，關鍵在於自小培養親情和孝道，強化家人的感情和關係；而且，內部爭奪和矛盾亦有利內部競爭，並可激發

家人的鬥志；其三是家族可以因此走向多元化，既有利分散風險，亦有助企業和人才專業等多途並進；其四是子孫各師各法、各顯神通的過程儘管有些會失敗，有些只是平平無奇、沒有過人之處，但只要有一二人能夠突破，便可為家族帶來更多財富與名聲。

相反，若家族子孫人數太少，例如一房只有一兩名子女，雖然教育資源和精力投入可以較為集中，內部矛盾亦會較少，或分家析產時家族財產不至被「攤薄」，但卻會造成一個更嚴重的情況：家族後代會失去力爭上游的鬥志和發奮雄心，因為自小缺乏比較或競爭，加上家中財產理所當然由一二人接收，難免令他們養成怠惰的習性。而且當子女數目少了之後，一旦他們沒興趣接掌家族生意，家族企業別無選擇，只能走上賣盤或結業之路。

可以這樣說，周氏家族的第一代只是考慮移居香港謀生，不忘故里；到第二代之後，則選擇在此扎根。至今已近六代人的故事和經歷，既見證了社會的巨大發展與變遷，亦折射了生兒育女觀念由多子多福到少生優生的顯著變化，家族的起落盛衰，尤其可十分清晰地凸顯當中的優劣利弊，此點實在很值得追求富過多代的大家族深思玩味。

天災人禍與際遇各異

個人也好，家族也好，總不能隔絕於社會和自然環境，而社會和自然環境又免不了常有變化，甚至會發生一些人力難以抗拒迴避的災禍。周氏家族亦曾在不同時期受到波及，並左右其前進軌跡。

至於不同子孫的個人際遇，又決定了他們人生道路的順逆起落。

　　首先，周永泰在十九世紀五十年代末、六十年代初攜同妻子李氏移居香港的重要舉動，便可說是歷史巨變下的一種調適與應變：東莞家鄉的發展條件欠佳，剛開埠的香港則似有一番有助事業開拓的新景象。雖然到港謀生之初，周永泰夫婦曾碰到不少困難，但避開了清末的亂局，並能在香港站住腳跟，然後一如所願地開展了事業新局，讓家族在香港寫下自己的傳奇故事。

　　到了周少岐一代，家族仍難免受到社會變遷和天災人禍的衝擊，例如 1894 至 1895 年間的嚴重瘟疫，便奪去不少市民的生命，亦促使不少人離港返鄉，當時大家「聞港色變」，周少岐的幼弟周祥滿更在這場災難中被奪去了生命，幸而其他家族成員能逃過此禍。

　　1925 年，當周少岐的人生與事業登上高峰不久，一家卻遭遇特大山泥傾瀉災難，周少岐、母親、妾侍、兒媳和子孫等十多人命喪於此，給家族帶來巨大的傷痛與衝擊。可以想像，在這樣巨大的災難打擊下，若然家族人丁單薄，意志力和生命力不夠強韌旺盛，必然人亡家滅，陷於絕子絕孫的敗亡困局。幸好周少岐子孫眾多，部分能逃過一劫，他們乃有了東山再起的人力資源與力量。就算是周卓凡一脈，看來也受到那場災難的刺激，要發奮圖強，恢復家族在香港的名聲與輝煌，所以便有了不同家族成員在俟後年代的不斷努力。

　　接着的重大災難，當然是日軍發動侵華戰爭後陷於苦戰，然後在 1941 年把槍口指向香港，香港隨即陷入了三年八個月的黑暗

歲月。在那段時期，無論是周卓凡、周埈年，或是周耀年、周錫年等，均採取韜光養晦的策略，既不願為日軍所用，亦無力改變大局，所以只如一般民眾般低頭做事，一心祈求災難早日過去，終於安然渡過了那段苦難歲月。

到迎來和平之後，由於周氏家族之前懂得低調潛修，又不忘行善，故第三代能有更輝煌的發展，甚至登上政治上的高峰，打破「富不過三代」的宿命。而一個家族有兩位「兩局議員」，又先後獲賜爵士頭銜及名譽博士學位，成為一時美談，更創造了香港的歷史。

到 1972 年，周錫年一脈又再遇上旭龢道山泥傾瀉災難，幸好這次他們只是目擊者，一家與災難擦身而過。不過「幸福並非必然」，周錫年一脈雖然避過了一場特大災難，但不久卻掉進另一場「人禍」之中，因為周錫年發生了忘年戀，相信令其父子間有了極大分裂，甚至在 1977 年因父親開給情婦的支票而鬧上法庭。無論官司誰勝誰負，家人的關係和感情肯定受創。至 1979 年，周啟賢猝死，不但打亂了家族的繼承安排，也令家族失去了重要的旗艦企業華人銀行。最後家族對財產的爭奪再一次鬧上法庭，家醜外揚，這樣的因財失義，明顯給家族帶來了難以癒合的傷害。

另一方面，周埈年一脈在戰後的發展歷程，同樣出現了「塞翁得馬，焉知非禍」的情況，因為自周埈年去世後，其子孫在帶領該房發展方面算是不過不失，尚可維持前進腳步，其中周埈年的幼子周湛煌，更在創立自己的生意方面取得不錯成績，崛起成為鐘錶界翹楚。可是他求勝心切，過於進取，低估投資風險，導致日後破產敗亡，一沉不起。而周湛樵的兒子周嘉豪，亦因生意開拓與投資不得

其法，或是運氣上的時不我與，最終鋃鐺入獄，身敗名裂，甚至連累老父要賤賣老宅替他還債。相對而言，同屬第四代的周啟邦明顯沒甚麼大野心，只追求生活享受，卻在投資上斬獲甚豐，加上其父及妻舅的遺產，讓他能過着逍遙自在的富貴生活，不禁令人思考或體味到人生或家族命運的「有幸有不幸」。

從艱難時刻的創業，到如何崛起、取得突破，然後是贏取殖民地政府信任，有了更為巨大的發展空間與突破，再到重蒙災難時懂得如何迴避、減低風險，然後在香港重光時得以再上層樓，周氏家族那怕曾蒙受天災人禍的巨大衝擊，最終還是可以創造輝煌，打破所謂「富不過三代」的宿命，成為香港歷史上其中一個至今仍讓人津津樂道的世家大族，那怕今時今日的周氏家族，實在與過去已經不可同日而語了。儘管如此，對於無數籌謀發展百年企業、渴望家族可以長久發展的人而言，其最值得汲取的經驗教訓，基本上還是取決於壯大家族人力資本的問題上，而傳統智慧的多子多孫，現時看來仍屬關鍵所在。

傳承接班的成敗教訓

要富過多代必然牽涉傳承接班的安排，世家大族對此極其重視、傾力安排自是應有之義。可是由於傳承接班牽涉的環節極多、層面甚廣，加上內外因素和條件互相糾纏，並不是投入足夠資源和精力便可安枕無憂。故此，我們需要細心檢視各家族成敗得失的個案，找出當中的教訓及啟示，才能更好部署下一步。周氏家族能夠富過五代，應屬一個甚具參考價值的成功例子。

　　當然，若然細心一點看，周氏家族之所以能夠在香港這個前英國殖民地書寫傳奇，卻不純粹是傳承接班上具有與別不同的制度安排之故，某些外圍因素 —— 例如政局變化與運氣等，同樣具有巨大影響和作用，不容忽略或小覷。具體而言，第一代創業崛起後，到第二代接班後仍能進一步壯大，令家族更為顯赫，這個發展過程，和本書第一章提及的擴張軌跡，基本上沒甚麼差異，亦不見得有何特別之處，因為第一代實在沒留下甚麼具重要性的生意或企業；不過，令第二代受益終生的，是安排他們接受中西教育，此點亦成為家族創造突破的最大亮點。即是說，第二代能夠跳出移民一代局限的關鍵，乃是中英雙語教育。

　　由於第二代覺得教育改寫了他們的命運，尤其認為西式教育有利謀生和發展事業，所以亦十分重視子女由小到大在這方面的教育，亦會把表現突出的子女送到歐美留學，提升其學歷資格，此點成為下一代能在事業上有所突破，並可達至家族人才多元化的重中之重。當然，由於第二代已發展不少生意和企業，他們在傳承接班方面自然亦有更多籌劃與安排。

　　扼要地說，當第二代進入晚年時，雖會按諸子均分原則作出分家，但卻會定下規定，例如核心公司股份不能分散，若有子孫想出售，必須先知會家族成員（不能售予外人），防止家族企業或投資因為分家而分散，削弱本身的競爭力。至於家族核心企業與投資，則由長子負起管理責任，其他兒子除特殊情況外，大多要自行發展其專業及生意。

　　在安排長子打理家族生意時，亦會看其意願與才能，不是鐵板

一塊。若然長子不接納，另有更好發展，又或能力不夠，亦不一定
會硬要其接納。當長子接班的安排敲定後，便會在很早階段便要求
他從低級管理層做起，並要全面掌握業務發展。只有在長子出現事
故或健康欠佳時，才會從其餘諸子中另找適合者代替。於是第三代
便出現家族生意由一人統管，其餘諸子則分途並進、各有事業發展
的情況。

　　第二代為第三代作出的傳承接班安排，可說是有規矩、有計
劃，但亦不無彈性，基本上屬於「以長子為主、其他兒子為輔（備
用）」的模式 —— 即是核心家族企業與投資由長子一人負責，其他
兒子發展各自的專業與事業，然後團結在主幹家族生意四周，作為
防禦或支援。這樣的安排，雖然亦難免產生一些內部矛盾，或是某
些離心傾向，但因第二代在問題發生時尚健在，很多時便能以權威
壓下去；至於第三代在理性和深入思慮後，總能認識到當中的優勢
與作用，所以較能摒棄分裂之心，緊緊團結在一起，令家族基本上
呈現一個和諧同心的格局，順利克服分崩離析的衰落宿命，走向多
元化和夥伴合作的台階。

　　除此之外，第二代到第三代的傳承接班安排還有如下特點：
一、傳承過程中十分重視人脈與社會關係的傳遞和延伸；相信他們
很明白，身處正規制度尚未完全建立的年代，人脈關係對發展事
業、經營生意的助力甚大。二、強調本身政治忠誠，亦要求子孫有
政治忠誠，因為他們覺得若要在香港這個殖民地出人頭地，必須獲
得殖民地政府撐腰。三、注重社會公益服務，藉以提升家族在華人
社會中的威望和號召力，所以積極參與並推舉子孫進入東華三院、
保良局、東莞同鄉會等慈善公益組織。

　　說實在的，在第二代時，家族的生意與投資尚未算十分龐大，子女人數雖不少，卻多接受了優質的教育，故各自都有不錯的發展或專業，所以沒有出現兄弟鬩牆或眾子爭奪家族企業的情況。相反，由於子女各自拓展事業，同時又積極參與公益組織，不少更獲推舉為著名慈善團體的理事等，為自己及家族建立起更鞏固的人脈及社會資本。這種鼓勵向外開拓，而非集合到家族企業裏去的傳承接班安排，明顯讓家族開拓了更多門徑，有助家族的壯大和多元化，這亦是硬性制度安排中的彈性所在。

　　第三代與第四代的傳承接班，自然是全面學習之前兩代的經驗，其中最重要的部分是更加強調教育，尤其西式英文教育，因為第三代自身的事業和經歷，讓他們更清晰地看到西式英文教育所發揮的巨大作用。不過有一點必須注意，由於第三代的財富與生意多數是各房自己努力打拼而來，之前兩代遺留下來的產業應該不多，所以第三代各房其實已十分獨立，各自成為新的主幹家族，基本上亦只對自己一房的子女負責，分家或接班安排相對簡單。

　　在具體接班問題上，第三代的安排仍是那種「以長子為主、其他兒子為輔」的模式，盡量鼓勵其他兒子向外發展、建立自己的專業和事業，以免全都集中到家族企業中去，藉以化解內部矛盾。由於他們擁有良好的家族背景，向外發展似乎總能取得不錯的成績。惟各人的能力與際遇，卻又決定了他們的成敗得失，並直接或間接牽動了家族的命運。

　　第四代接班後因為不同發展抉擇與人生際遇，走出了兩條截然不同的道路，值得深思。這兩條道路是：一、較為進取的傳承接班

之道。選擇此路雖可能帶來重大發展，但卻同時意味着巨大風險，且會在一時拿捏失準時陷於困境；二、較為保守的傳承接班之道。雖然不能獲得巨大財富增長或有太大突破，但卻能夠控制風險，依靠穩定投資回報維持富裕豐盛的生活。至於兩者之間應如何取捨，各人自然要按自己的條件及需要，作出不同的思考與抉擇。

到第四代為第五甚至第六代思考傳承接班的問題，接受西式英文教育仍是重點，那怕修讀的科目已不再局限於祖、父世代的醫學、法律或工程專業，而是擴大到不同學科如科學、藝術、時裝設計等，不一而足。由於第四代的子女數目不多，各房均只是一個起、兩個止，故基本上沒有應選誰作接班人的問題，亦應不會出現兄弟姐妹相爭的局面。相反在這一輪的接班，最大的問題是若果下一代都沒興趣接手，應怎樣安排生意去留，這才最需要他們費心去解決。至於他們對於祖業祖產的管理，則基本上採用了夥伴合作的模式，雖然大家均來自太祖周永泰，但畢竟血脈親情已很淡薄了。

此外，第五、六代與父母的關係，已沒有上代與其父母的距離，而是更像「朋友」般地位平等。所以無論接班也好，另行創業也好，父母子女均有較多互動和討論，或者說會較多考慮接班者的意願和看法，不再如過去由上而下的指令式安排。當然，可供傳承的已不是實業生意，只是以公司控股的物業或資產，組織與結構不是很複雜，所以不一定要強迫下一代接班管理。而因為生意並非實業，也很難因此令接班人獲得工作上的滿足感。一個不爭的事實是，由於祖、父輩為他們留下不少物業投資，只要他們選擇一條保守的傳承接班之路，便足以過着豐盛的生活了。

　　綜合周氏家族數代人的傳承接班經驗，我們不難發現如下特點：一、教育明顯是不同世代共同強調的核心，且一直高舉西式英文實用性專業教育；二、生意多元化，但以物業投資為重點項目，而這方面的投資亦為家族帶來穩定和可觀的回報；三、由一子獨掌家族企業或投資，其餘諸子則發展各自的事業；四、若是定出下一代家族企業的領導者，必會及早進行培訓，進入企業後往往由低做起，了解整個企業運作。

　　雖然周氏已較一般家族更有序及系統地安排接班，但仍免不了有起落及難以保證優勢永續的問題。家族和企業始終有其生命週期，社會時局亦有重大變遷，發展路途亦會遭遇起落風浪，碰到不少未能預料的外部挑戰，因為像香港這樣的自由開放商業社會，政府崇尚積極不干預政策，各家族和企業只能依靠本身的競爭力來維持利潤，並需在投資方面作多方面考慮，才能確保家族和企業可以延續多代。至於運氣，亦屬無法掌握並且難以排除的因素。

發 展 動 力 強 弱 的 思 考

　　一個本來藉藉無名的家族，為何能夠崛起，不斷壯大，登上高峰？或是反過來說，一個顯赫家族，本來高高在上、財雄勢大，為何卻又由強轉弱，逐步衰退？這些無疑都是值得深入探討的議題，以了解當中發展動力轉變的關鍵所在。

　　若果家族企業發展動力的強弱反映了一個社會經濟體力量的大小變化，那麼解釋一個社會經濟體動力強弱變化的理論，自然亦可

以用來解釋家族企業發展動力的強弱轉變。長久以來，不少學者認為要量度一個社會經濟體動力的強弱，一是看當地經濟的自由度，其次便是企業家精神旺盛與否。而香港能夠由「荒山野嶺」的小漁村，發展成為國際大都會，正是兩者結合互動產生的成果。即是說，在一個自由的經濟體下，具企業家精神的大小商人可以各師各法、盡展所長，於是便會產生無窮盡的經濟動力，推動經濟發展，創造發展神話。

不過，自由經濟乃社會外在環境，存在與否非個人或家族能改變，故我們將眼光集中於企業家精神這一內部要素，了解它如何為家族發展提供動力，並思考哪些因素能提升或壓制企業家精神。由於家族和企業發展動力的強弱與企業家精神盛衰關係極為密切，故學術界對它的論說自然汗牛充棟、五花八門。其中以熊彼得（Joseph A. Schumpeter）的見解最為精闢，他指出，企業家精神並非任何個人的固定性格或能力，而是一種鬥志、心境或精神狀態。

具體點說，企業家精神是指一份追尋夢想、尋求突破、渴望建立個人王國、不怕困難且會鍥而不捨以竟成功的雄心鬥志。這種雄心鬥志未必會長期與企業家同在，所以一個極具創意、為夢想奮鬥不斷並取得輝煌成績的企業家，若成功後變得驕奢自滿、甘於安逸，喪失了雄心鬥志，便會失去企業家精神。熊彼得認為當領導者失去了企業家精神，那可以預見，他領導的企業最終亦會因失去發展動力而日漸走向消亡（Schumpeter, 1934）。

既然企業家精神對家族和企業發展動力是如此重要，接下來要思考的問題自然是：如何能令一個人有企業家精神？或是甚麼因

素令個人缺乏企業家精神？周氏家族能富過多代，而五代人的經歷又有高低起跌，正好可以作為回答這兩條問題的參考，從中歸納出企業家精神強弱高低的一些主要因素：一、貧苦、危機、困難的環境；二、子女或兄弟姐妹眾多；三、移民或遭到歧視的邊緣身份；四、光宗耀祖或具有高成就動機。

　　首先，貧困艱難的環境有助啟發及維持企業家精神。民間常說的「梅花香自苦寒來，寶劍鋒自磨礪出」，或是「窮則變，變則通」，甚至是「危機便是生機」或「有危便有機」等等，其實都在說明一個重要道理：貧苦、危機或困難的環境，總能激勵個人尋求突破、孕育夢想，甚至渴望建立個人王國的雄心鬥志，無論是第一代的周永泰、第二代的周少岐和周卓凡，乃至於第三代的周埈年和周錫年等，他們都經歷了困境，家族財富或地位尚未十分穩固，所以便有更為強烈的因為貧苦、危機或困難的環境而不能停下腳步的打拼之心，揭示他們因能維持強盛的企業家精神，才能令家族和企業維持發展活力，推動其不斷向前發展。第四代以後，貧苦、危機、困難不再，因而便失去了尋求突破、孕育夢想，甚至渴望建立個人王國意欲的土壤，企業家精神自然難以孕育。

　　其次，同輩人數的多寡亦會影響到企業家精神的發揮。多子多福雖說是傳統社會為了延續血脈而提出的口號或目標，但顯然亦與家族能否保持強勁發展動力有密切關係。正如前文提及，子女人數多了，雖難免有人多口雜，引來較多矛盾摩擦，甚至分家時攤薄家產等問題，但一如錢幣的兩面，同時亦會帶來一些優勢或正面效果，例如人多力量大，有助家族內部人才多樣化和企業發展多元化，分散發展分險。加上它能激發兄弟姐妹間的競爭，推動部分成員走

上自立門戶的創業之路，而無論是留在家族企業或投身其他行業的
成員，在同輩互相比較的壓力下，自會抖擻精神，不敢疏忽懈怠，
以免被別人比下去。在這種日常生活中常會互相較勁的氣氛下，子
女眾多的家族較易培育出企業家精神，因為成員會各師各法、盡展
所長。

　　反過來說，當子女數目銳減，例如只有一子一女，雖然內部矛
盾爭拗減少，分家時資產不會被攤薄，甚至教育資源和成長照顧等
可以更為集中，但因為自小不需爭奪，一切已手到拿來，所以較難
培養出爭勝心和鬥志。加上是家族企業接班「獨一無二」的選擇，很
容易視為理所當然，甚至覺得自己是「被迫」接棒，當然不會珍惜，
掌舵後亦不會有「受任佐邦，夙夜匪懈」之心了。更不用說不會出現
子女分途並進、各自創業，使家族或企業投資多元化了。

　　第三，是移民或遭到歧視的邊緣身份。經典企業家精神理論指
出一個十分重要的社會現象：移民或處於社會邊緣位置的群體，由
於謀生不易、不安全或欠缺社會保障，加上不願被人看扁看低，故
容易激發或孕育自立自助、時刻尋求突破的企業家精神。早年的香
港像不少移民社會，創業活動尤其活躍，顯示移民與創業之間的關
係。周氏家族第一代當然是典型移民企業家，那怕那時的生意規模
不大。第二代雖已在香港出生，但仍如父輩般有濃烈的移民心態，
與故鄉聯繫仍然緊密，晚年才漸趨認同本土。到了第三代，本土心
態更為強烈了。雖則如此，在殖民地統治下，就算這個家族深得殖
民地政府垂青，仍不是完全穩固，情況直至 1972 年推出了「香港永
久居民」身份的政策後，才有了根本性改變。即是說，由於移民心態
消失了，過去的憂患意識自然一去不返，周氏家族的創業意欲看來

亦有了很大變化。

　　最後是個人是否有強烈的物質成就動機，希望光宗耀祖，或改善家人生活、擺脫貧窮的使命感等，同樣可決定企業家精神的高低強弱。具體地說，傳統家族觀念強調祖先、個人（自己）、子孫三方是禍福與共、命運一體的，任何一方都有承先啟後的責任和權利，而在孝道思想的主導下，總是尊長敬老而輕子孫，故強調子孫要爭取最大成就以光耀門楣、庇蔭後代。在科舉年代，個人能取得的最大成就無疑就是金榜高中，封侯拜相，不少家族教育子孫的最大努力方向亦在於此。廢除科舉而推崇商業發展後，下海經商、發財致富成為時尚，不少家族的子孫乃轉向此途。但無論是當官或經商，其中一個重要動機均是要光宗耀祖，此點與多子多福的觀念相輔相成。

　　然而，到多子多福觀念不再後，子女數目銳減，下一代成為家族關注的中心，受到長輩多方愛護；祖或父輩的權威、尊嚴和地位則顯著下滑，社會不再視孝道為做人處事的最高原則，當然更不會將打拼事業與光宗耀祖劃上等號。最可惜的是，在這樣的價值觀下，部分人會失去感恩之心，不會想到自己是不勞而獲，也不會在享受榮華富貴之時念及先祖父輩打下江山的辛勞，自然更不會覺得有責任將祖先積下的資源好好保存，讓後代可同享庇德了。另一方面，不少子孫輩雖亦有自我實踐、成就事業之雄心，但着眼點不會再如祖及父輩般側重於物質，而是較為多元多樣，可以是爭取藝術成就、醉心個人興趣，或是投身環境保護等被視為具有後物質主義（post-materialism）色彩的東西。

綜合以上多方因素，周氏第一代起步時條件雖然惡劣，但那股克勤克儉以打拼事業之心最終為家族帶來突破，可在香港站穩腳跟。第二、三代個人與家族已有相當成就，但仍因戰爭、天災等因素令其仍保持戰戰兢兢之心，不敢停下腳步，必須繼續努力、全心打拼，令家族可以保持活力、不斷前進。可見這三代人雖然常常碰到不同問題，但是前進動力強盛。到第四、五代時，似乎因為貧苦逆境不再、子女數目又銳減，加上再沒移民或邊緣身份的憂慮、物質條件豐裕，令不少家族成員失卻了強烈的成就動機，企業家精神初步看來乃大不如前，因而給家族能否更上層樓帶來挑戰。

總結

家族前進的路途，總是迂迴曲折、起落跌宕，充滿辛酸血淚、悲喜交集，因為無論個人或家族，在社會與自然環境中，總是顯得弱小無助，只能在大環境中隨波逐流、隨機應變，家族內部、個人內心，卻總有糾纏鬱結、恩怨情仇，那怕一家人血濃於水、情深義重。透過對周氏家族第五、六代人的追蹤研究，我們多少可以看到當中的各種跡象和變化。一方面，周氏家族的故事證明「富不過三代」並非千篇一律不能破解，那怕這個家族的發展過程屢遭天災人禍。另一方面，家族人力資源多寡明顯影響了綜合發展力量，並會左右企業家精神的強弱，可見子孫眾多對家族發展仍是利多於弊。更加值得注意的是，家族不同世代均極重視教育，尤其是提升成員的專業資格，覺得此乃對子孫的最佳保障，所以從來不吝嗇金錢，大力投資。

　　儘管如此，一個家族如何能夠長盛不衰，實在又不只受制於內部條件，外部條件同樣不容忽略。政局改變、社會變遷、科技日新月異，乃至於戰亂或自然災難頻生等人力無法抗逆的外部因素，不但會改變任何個人、家族或企業的發展空間，同時又會左右其前進軌跡，當然亦掌控其命運，家族成員只能任其擺佈，在大勢中隨波逐流，而這種不穩定、不安全的感受，促使他們必須戰戰兢兢、時刻努力，這又令不少家族將富過多代歸納到超自然因素 —— 如風水、命理、福蔭等 —— 身上。周氏家族的前三代似乎亦是如此。但第四代以後，一來似乎較強調投資方法，對社會穩定和投資環境較有信心，亦較重視自己的權利與享受，而這樣的底蘊似乎又弱化了他們的不穩定、不安全意識，進而削弱了打拼之心，令家族和企業失去了昔日的活力。

　　由是觀之，家族能否永續發展、富過多代，撇除外部因素不談，只是聚焦個人力所能及的部分，最決定性的因素，似乎不在於個人能力、資本厚薄、人脈關係強弱，而是那股追逐夢想、尋求事業突破、渴望建立個人王國的企業家精神能否保持，若能保持，那怕是面對天災人禍，身處逆境，亦會不斷努力奮鬥，鍥而不捨地以竟功成。反之，那怕祖及父輩留下金山銀山，還是會花掉，就算可憑老本繼續享受豐裕生活，必然又會因為不知民間疾苦、沒有感恩之心而不願為社會作出貢獻，難以獲得社會尊重。

參考資料

Leung, K.C. 2009. *Leprosy in China: A History*. Columbia: Columbia University Press.

Morton, W.H. 1917. *Present Day Impression of the Far East Prominent & Progressive Chinese at Home and Abroad: The History, People, Commerce, Industries and Resources of China, Hong Kong, Indo-China, Malaya and Netherlands India*. London: Globe Encyclopedia Co..

Sinn, E. 2012. *Pacific Crossing: California Gold, Chinese Migration, and the Making of Hong Kong*. Hong Kong: Hong Kong University Press.

Snow, P. 2003. *The Fall of Hong Kong: Britain, China and the Japanese Occupation*. New Haven and London: Yale University Press.

CO 968.120.1, 4 October 1945, Quislings and Collaborators, Hong Kong: Hong Kong University Libraries.

Court of First Instance. 19 December 2013. "The joint and several trustees of the property of Chau Cham Wong Patrick, A bankruptcy v Chau Kar Hon Quinton and others", *Bankruptcy Proceedings No. 549 of 2012*. Hong Kong: The High Court.

Court of First Instance. 20 May 2009. "A-One Business Ltd. v Chau Cham Wong Patrick & Anor", *File No. HCA 1868/2008; HCA 1868A/2008*. Hong Kong: The High Court.

Court of First Instance. 9 January 1979. "Between Grace Chu Chan Po Kee also know as Grace Chan and The Hong Kong Chinese Bank Ltd. and Chau Sik Nin", *File No. HCCL001571/1978*. Hong Kong: The High Court.

The Hong Kong Chinese Bank: Annual Return 1979. 1979. Hong Kong: Companies Registry.

Peace Mark Holdings Limited: 2008 Annual Report. 2008. Hong Kong: The Company.

Probate Jurisdiction, Grant No, 3078 of 1992. 1992. *In the estate of doctor the honourable Sir Sik Nin Chau, deceased*. Hong Kong: Public Records Office.

Probate Jurisdiction, Grant No, 376 of 1972. 1972. *In the goods of Chau Tsun Nin otherwise spelt as Chow Chun Lian otherwise known as Sir Tsun Nin Chau, barrister, deceased.* Hong Kong: Public Records Office.

Probate Jurisdiction, No. 297 of 1956. 1956. *In the goods of Chau Cheuk Fan alias Chau Tak Fai alias Chau Cheung Shun, merchant, deceased.* Hong Kong: Public Records Office.

Who's Who in Hong Kong. 1960-1979. Hong Kong: Who's Who in Hong Kong Limited.

The China Mail. Various years.

South China Morning Post. Various years.

The Hong Kong Telegraph. Various years.

月明。1992。〈石龍周氏三代談〉，載《財富月刊》，1992 年 12 月 25 日，頁 14-18。

甘田。1956。《省港大罷工》。北京：通俗讀物出版社。

何文翔。1988。〈周埈年、周錫年家族發跡史〉，載《資本雜誌》，第 13 期，1988 年 12 月 15 日，頁 142-167。

何佩然。2009a。《施與受：從濟急到定期服務》。香港：三聯書店（香港）有限公司。

何佩然。2009b。《源與流：東華醫院的創立與演進》。香港：三聯書店（香港）有限公司。

吳啟聰、朱卓雄。2007。《建聞築蹟：香港第一代華人建築師的故

事》。香港：經濟日報出版社。

周植年。1989。《石龍周氏家譜總編》，非賣品。香港：沒出版社。

周德輝。1926。《石龍周氏家譜》。香港：商務印書館（香港）有限
　　公司。

香港南北行公所（編）：《南北行公所新廈落成暨成立 86 週年紀念特
　　刊》（香港：南北行公所，1954 年）頁 23。

陶世明。1986。〈周錫年之死！〉，載齊以正（編）《X 氏王朝》，頁
　　126-131。香港：龍門文化事業有限公司。

陳弘毅、文基賢、吳海傑。2016。〈殖民地時代香港的法制與司
　　法〉，載王賡武（編），《香港史新編》，增訂版，頁 445-482。
　　香港：三聯書店（香港）有限公司。

陳廷泰。1926。〈石龍周氏家譜序〉，載周德輝《石龍周氏家譜》。
　　香港：商務印書館（香港）有限公司。

陳雨蕃。1954。〈南北行公所會史〉，載《南北行公所新廈落成暨成
　　立八十六週年紀念特刊》，頁 23-26。香港：該會自刊。

麻國慶。1999。《家與中國社會結構》。北京：文物出版社。

麥暉。1992。〈名門之後 ── 周湛煌〉，載《財富月刊》，1992 年
　　12 月 25 日，頁 19。

張嘉敏。2016。〈自少受爸爸薰陶　周國豐與他的西裝情緣〉，載《香
　　港 01 週報》，2016 年 12 月 9 日，頁 D01。

馮邦彥。1997。《香港華資財團：1841─1997》。香港：三聯書店（香港）有限公司。

滋賀秀三。1967。《中国家族法の原理》。東京：創文社。

賀達理、連浩鋈。2001。《呈盧督頌詞》。香港：香港大學美術博物館。

葉漢明。2009。《東華義莊與寰球慈善網絡》。香港：三聯書店（香港）有限公司。

鄭宏泰。2015。〈獨生一代的成長問題〉，載趙永佳、丁國輝、尹寶珊（編），《家在香港》。香港：香港中文大學香港亞太研究所，頁 107-134。

鄭宏泰、高皓。2017。《創業垂統：華人家族企業發展特質與思考》。香港：三聯書店（香港）有限公司。

鄭宏泰、黃紹倫。2006。《香港股史：1841─1997》。香港：三聯書店（香港）有限公司。

鄭宏泰、黃紹倫。2010。《婦女遺囑藏着的秘密：人生、家庭與社會》。香港：三聯書店（香港）有限公司。

蔡洛、盧權。1980。《省港大罷工》。廣州：廣東人民出版社。

潘海華。2006。〈宜進利進軍國內零售市場，周湛煌細說鐘錶生意經〉，《資本雜誌》，第 230 期，2006 年 7 月刊，頁 128-130。

盧永忠。2003。〈宜進利周湛煌隨機應變掌握機遇〉，《資本雜誌》，第 195 期，2003 年 8 月，頁 77-78。

盧權、褟倩紅。1997。《省港大罷工史》。廣州：廣東人民出版社。

薩奇。1981。〈周錫年反控長媳及幼子〉，載齊以正、譚隆（編）《上流社會搜奇錄》，頁 73-79。香港：文藝書屋。

譚淑美。2016。〈大律師開男士生活店〉，載《信報》，2016 年 7 月 27 日，頁 C03。

《一九七二年雨災調查委員會最後報告》。1972。香港：香港政府印務局。

《東華三院百年史略》。1971。香港：東華三院。

《南北行公所成立壹百週年紀念特刊》。1968。香港：南北行公所。

《香港至德總會會所落成開幕紀念特刊》。1966。香港：香港至德總會。

《香港華人銀行有限公司年報：1979/1980 年》。1980。香港：該銀行。

「世家大族」系列

永泰家族
—— 亦政亦商亦逍遙的不同選擇

鄭宏泰　著

■ 責任編輯　張佩兒
■ 裝幀設計　黃希欣
■ 排　　版　肖　霞
■ 印　　務　劉漢舉

■ 出版
中華書局（香港）有限公司
香港北角英皇道 499 號北角工業大廈 1 樓 B
電話：（852）2137 2338
傳真：（852）2713 8202
電子郵件：info@chunghwabook.com.hk
網址：http://www.chunghwabook.com.hk

■ 發行
香港聯合書刊物流有限公司
香港新界大埔汀麗路 36 號
中華商務印刷大廈 3 字樓
電話：（852）2150 2100
傳真：（852）2407 3062
電子郵件：info@suplogistics.com.hk

■ 印刷
美雅印刷製本有限公司
香港觀塘榮業街 6 號海濱工業大廈 4 樓 A 室

■ 版次
2020 年 5 月初版
© 2020 中華書局（香港）有限公司

■ 規格
16 開（230mm×170mm）

■ ISBN
978-988-8675-28-9